中国旅游统计年鉴

THE YEARBOOK OF CHINA TOURISM STATISTICS

U0862143

1998

国 家 旅 游 局

CHINA NATIONAL TOURISM ADMINISTRATION

1980—1997年来华旅游入境人数和旅游外汇收入

ANNUAL VISITOR ARRIVALS AND TOURISM RECEIPTS, 1980-1997

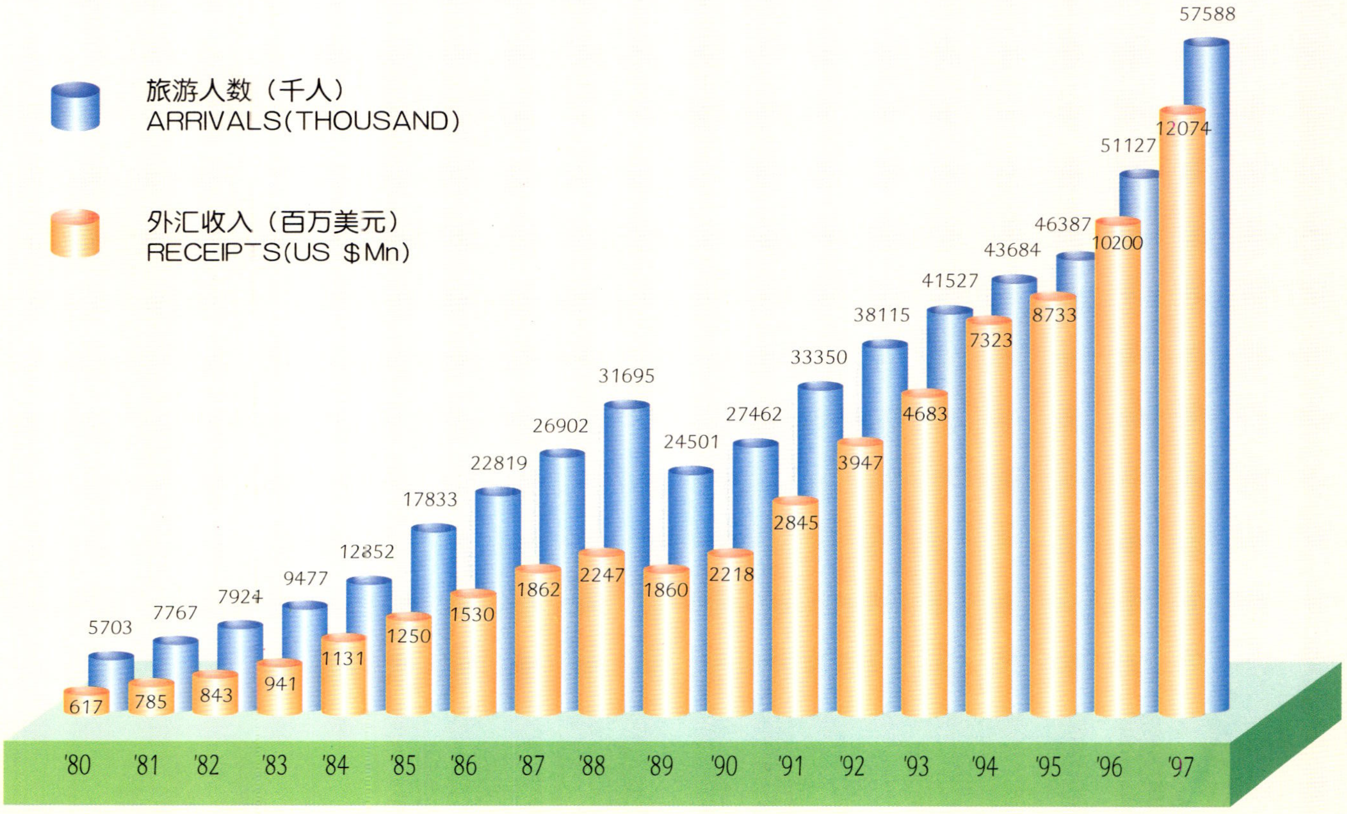

1980 — 1997 年来华旅游入境人数和旅游外汇收入增长速度

ANNUAL INCREASING RATES OF VISITER ARRIVALS AND TOURISM RECEIPTS, 1980-1997

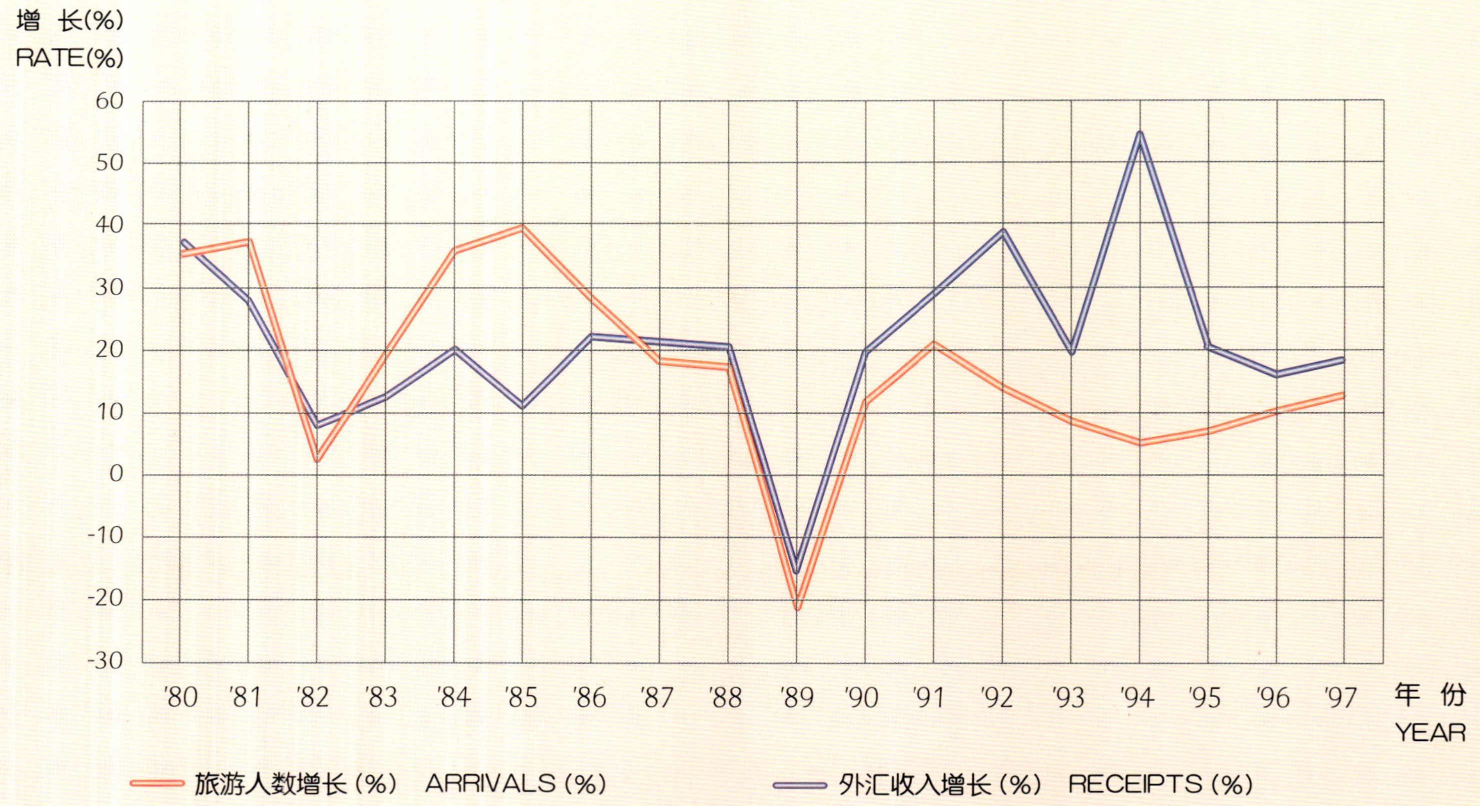

1996—1997年主要国家来华旅游人数

FOREIGN TOURIST ARRIVALS FROM THE MAIN GENERATING COUNTRIES, 1996-1997

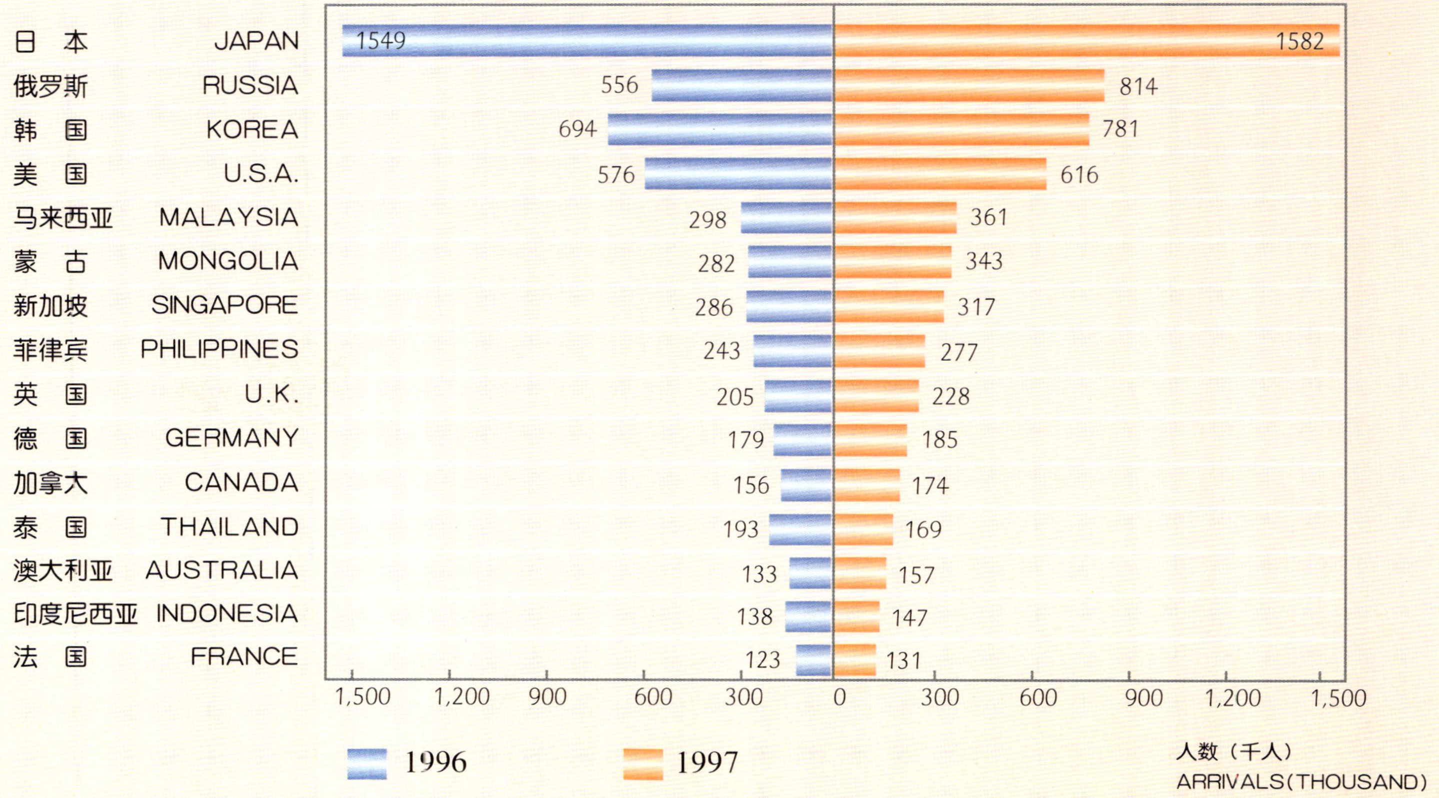

1995—1997 年各月来华旅游入境外国人数

MONTHLY FOREIGN TOURIST ARRIVALS, 1995-1997

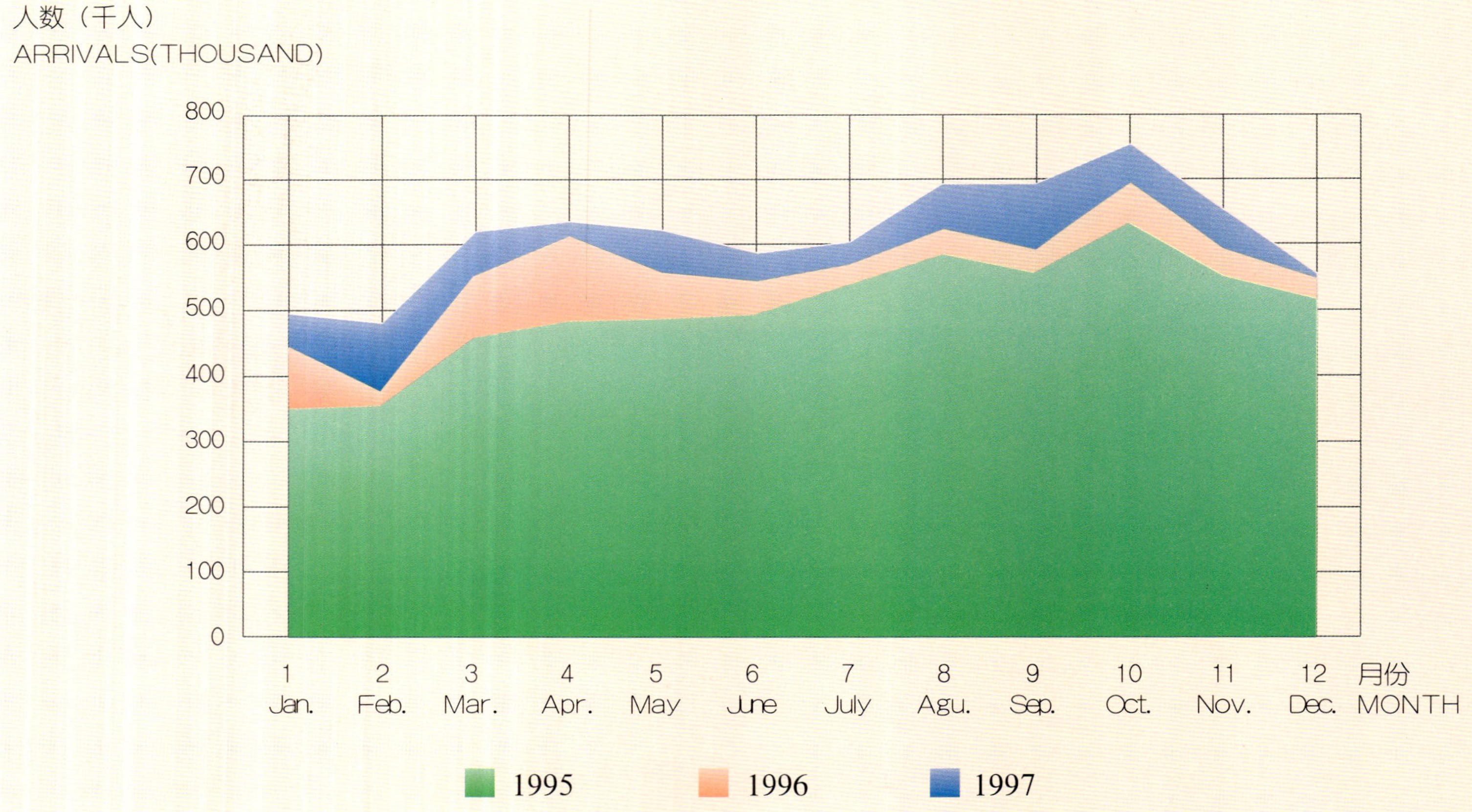

1997 年主要城市接待海外旅游者人数

ARRIVALS TO MAJOR CITIES, 1997

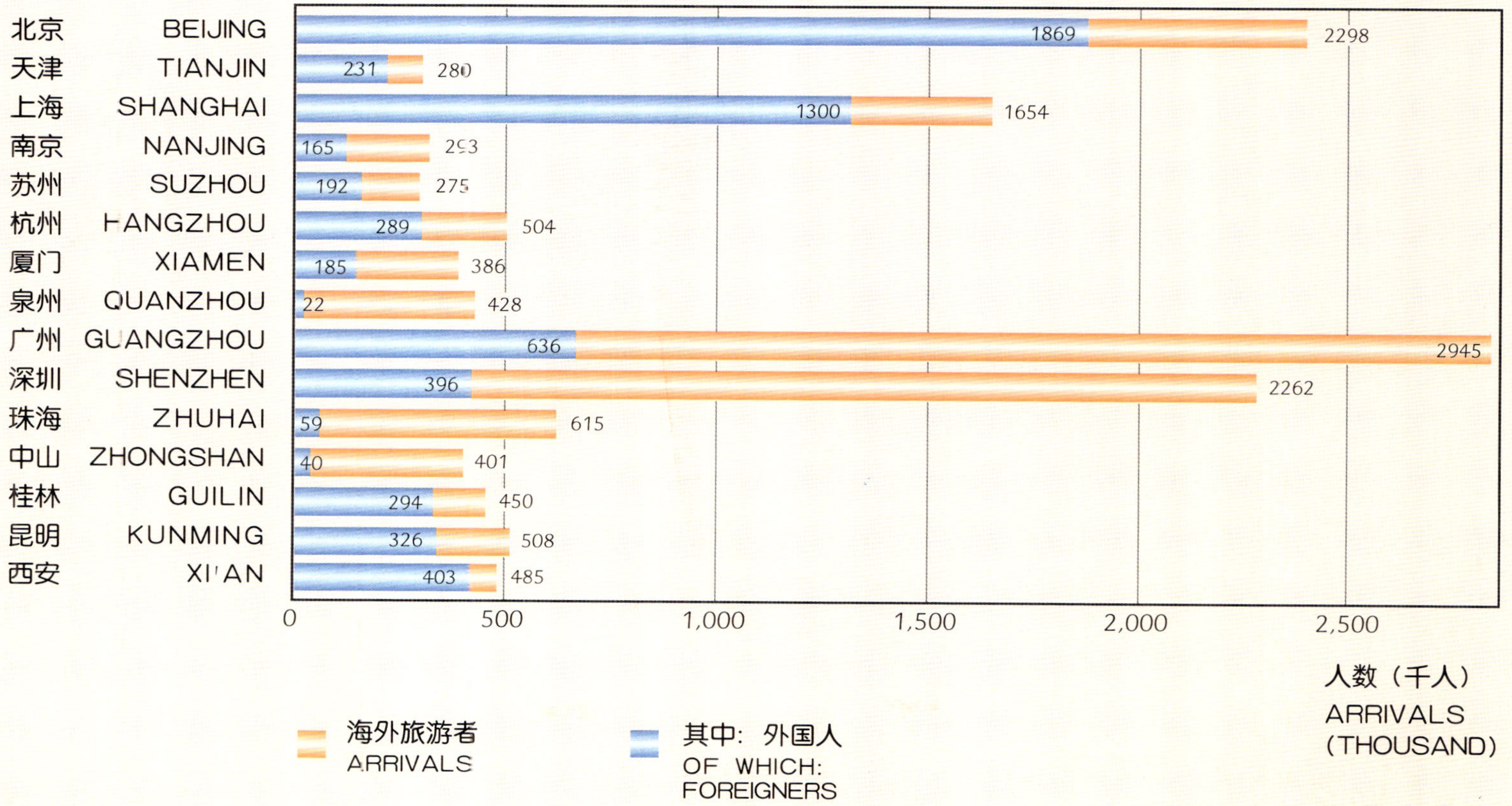

1997年来华旅游外国人数构成（按地区分）

BREAKDOWN OF FOREIGN TOURIST ARRIVALS BY REGION, 1997

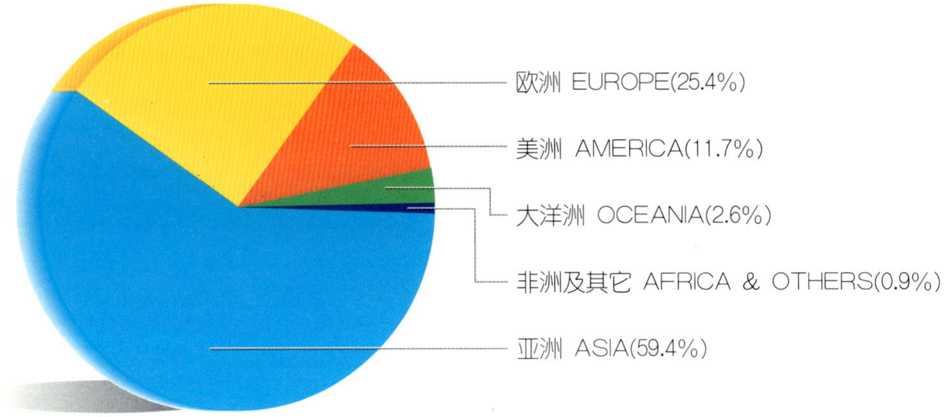

1997年来华旅游外国人数构成（按入境方式分）

BREAKDOWN OF FOREIGN TOURIST ARRIVALS BY MODE OF TRANSPORT, 1997

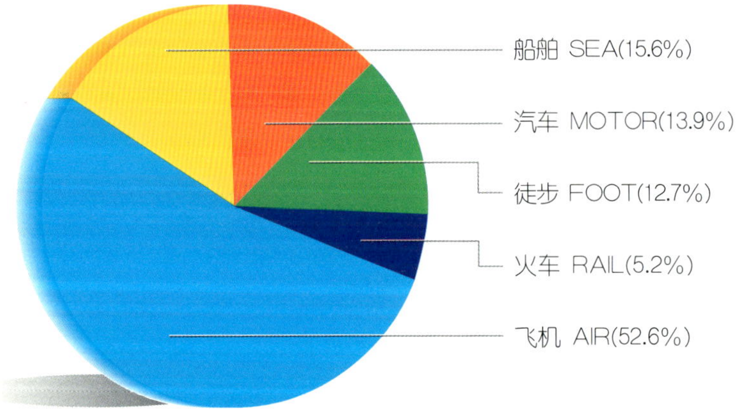

1997年来华旅游外国人数构成（按年龄分）
BREAKDOWN OF FOREIGN TOURIST ARRIVALS BY AGE, 1997

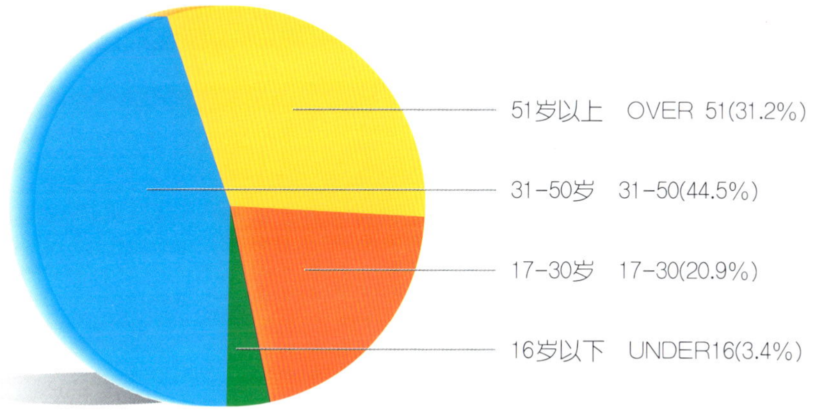

1997年来华旅游外国人数构成（按职业分）
BREAKDOWN OF FOREIGN TOURIST ARRIVALS BY OCCUPATION, 1997

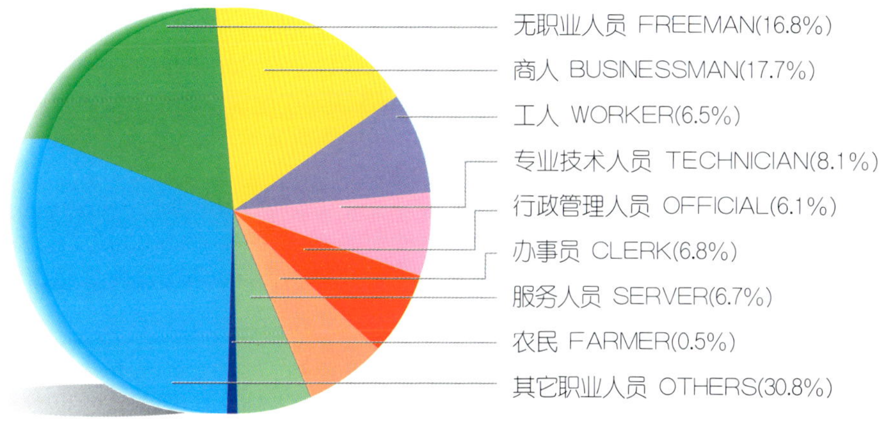

1997年国际旅游外汇收入构成
BREAKDOWN OF INTERNATIONAL TOURISM RECEIPTS, 1997

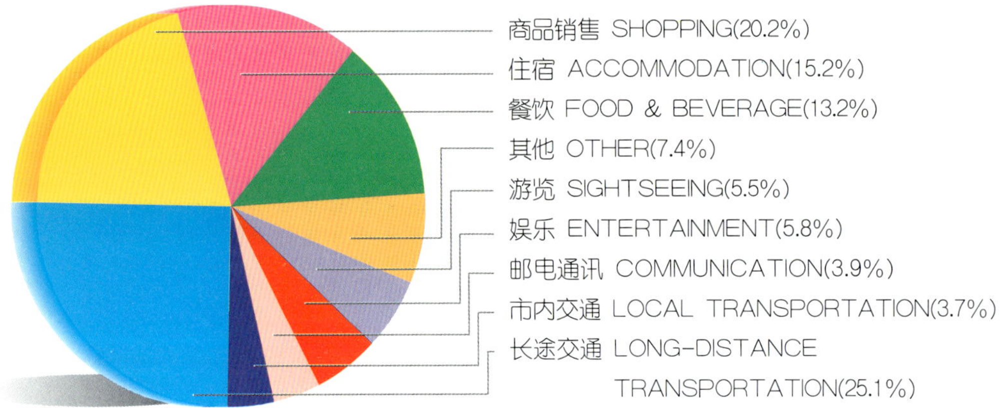

1997年国际旅游外汇收入（按来源分）
INTERNATIONAL TOURISM RECEIPTS, 1997

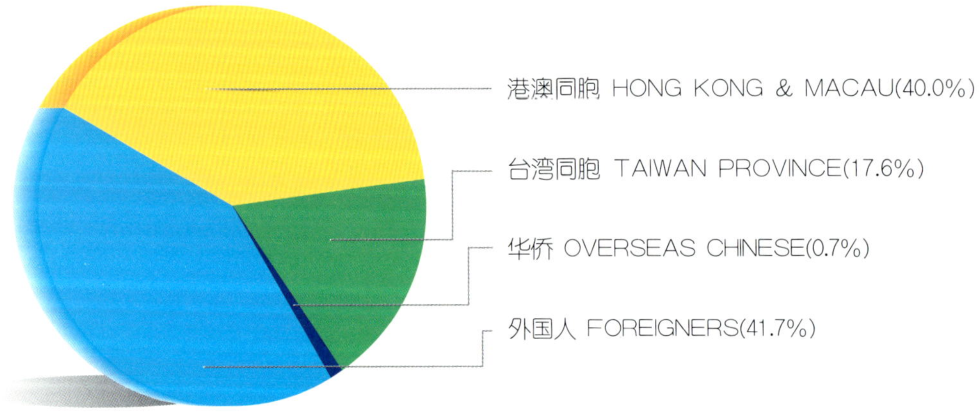

1986—1997年旅游涉外饭店数及客房数

NUMBER OF HOTELS & ROOMS, 1986-1997

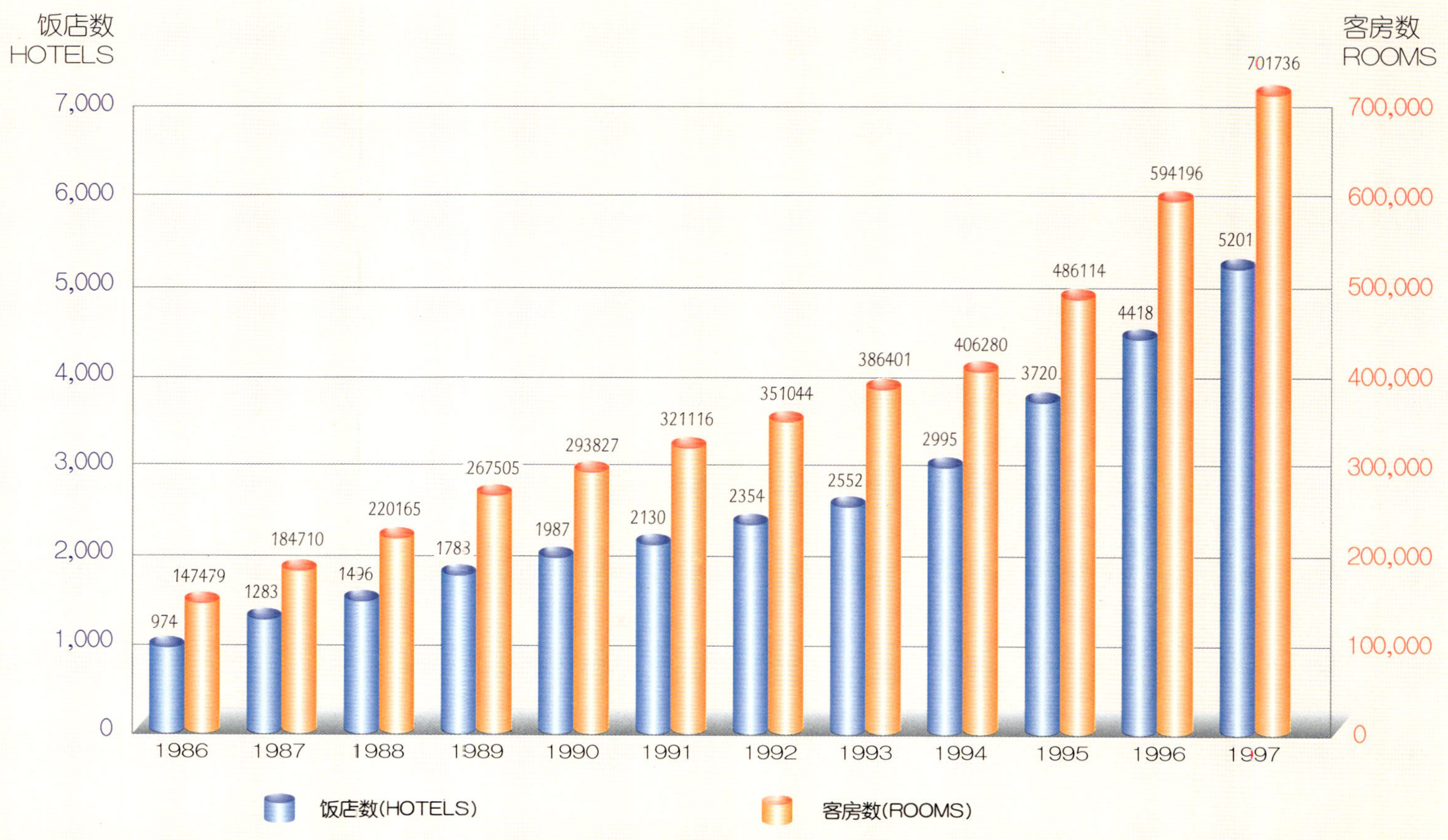

1997 年星级饭店数及客房数

NUMBER OF STAR-RATED HOTELS & ROOMS, 1997

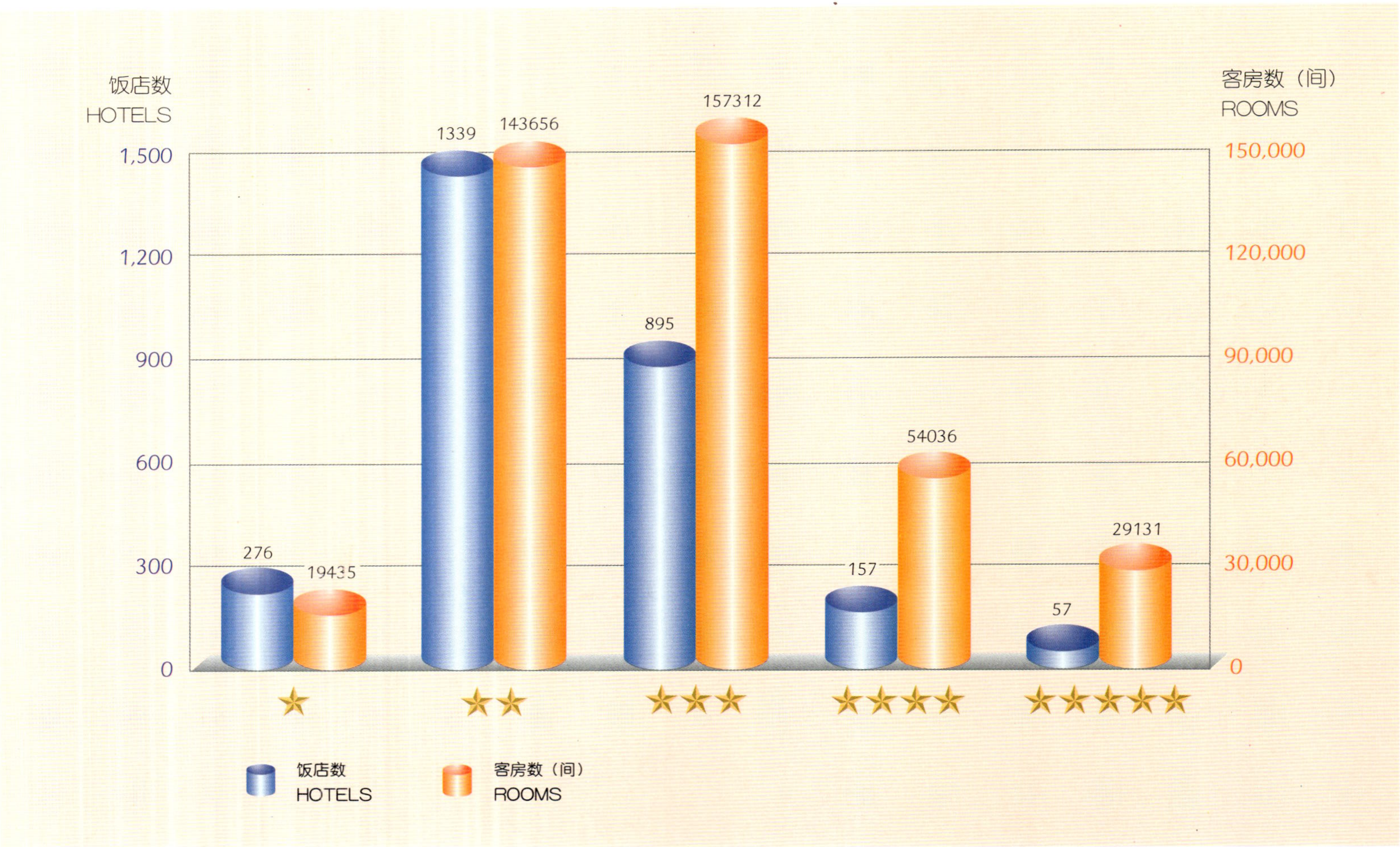

编 者 说 明

《中国旅游统计年鉴—1998》是一本全面反映1997年中华人民共和国旅游业发展情况的资料性年刊。全书为中英文对照版本,内容分为:1997年中国旅游业统计公报和来华旅游入境人数、来华旅游者主要特征、国际旅游外汇收入、旅行社接待情况、地方接待情况、旅游涉外饭店基本情况、国内旅游基本情况、旅游企事业基本情况等共八个部分的统计资料。

本年鉴所附的《主要旅游统计指标解释》,是对主要旅游统计指标的含义、统计范围和统计方法所作的简要说明。

本年鉴资料来源于全国各地旅游部门、统计部门和公安边检等部门。全国统计数据均未包括我国台湾省、香港特别行政区和澳门地区的数字。本年鉴的统计数字是按国家统计局、国家旅游局联合制定的旅游统计报表制度规定的口径进行统计和汇总的,个别特殊的地方做了注释和说明。在编辑过程中,我们对1997年各月数字进行了核实、调整,读者在使用时如发现已经公布的统计数字与本年鉴数字不符,则以本年鉴数字为准。

本年鉴是了解中国旅游业1997年发展情况的权威性资料,可供旅游部门、国民经济各有关部门、教学科研单位以及旅游经济的科研人员、大专院校师生使用。海外旅游业同行、有关行业人士以及来华旅游的外国人、华侨、港澳台同胞亦可从中得到有关统计信息。

本年鉴中凡带有续表的资料,如有注解均加在第一张表下面,请读者使用时注意。表中有“#”号者表示为该栏的主要项或其中项;有“*”号者表示本表下有注解;空格处表示该项数据不详或以前年份无该项数据。统计表下注有资料来源单位,未注明的均为国家旅游局提供。

另外,由于行政区划的改变,重庆市和四川省的有关数据与上年均不可比,请读者使用时注意。

由于编辑出版时间比较仓促,本年鉴中如有不当之处,请读者提出宝贵意见。

中国旅游统计年鉴编委会

一九九八年六月

INTRODUCTION

The Yearbook of China Tourism Statistics for 1998 is a yearly review with information on the overall development of the tourism industry in the People's Republic of China in 1997. Written in English and Chinese, the information in this Yearbook covers eight aspects: Statistics Report on China's Tourism Industry in 1997 and tourist arrivals to China, major profile of international tourists to China, international tourism receipts, business of travel agencies, business of different regions, business of hotels, domestic tourism, travel enterprises and non-business institutions.

At the end of the Yearbook is attached a Notes to the Index of Major Statistic Terms which gives a brief explanation of the meaning of main toruism statistics, scope and method of data-collecting.

The data of the Yearbook come from the tourism departments, statistical departments, and public security frontier departments throughout the country. The statistics of Taiwan Province, Hong Kong Special Administrative Region and Macau are not included. All the data are processed and compiled in line with the requirements set forth in the tourism statistics reporting system jointly formulated by the State Statistics Bureau and the National Tourism Administration, and explanatory notes are provided in some special cases. Re-check and re-adjustments have been made to the figures of each month in 1997, and if some inconsistency is found between the published figures and the figures in this Yearbook, the latter should be taken as authentic.

This Yearbook provides authoritative data on the development of China's tourism industry in 1997, which is useful to tourism departments, relevant departments of the national economy, education and research institutes, and students and teachers. The overseas travel trade, relevant people of the industry and foreign tourists to China, overseas Chinese, compatriots from Hong Kong, Macau and Taiwan can also benefit from this Yearbook.

Due to the change of administrative region, the data of Chongqing and Sichuan of 1997 can't be compared with that of the previous year.

In the Yearbook, wherever a table is continued on the next page, footnotes are given on the first page. The mark "#" denotes headline entry, while the mark "*" leads to footnotes. A blank cell means relevant data unclear or the relevant figure for previous years not available. Sources of the data are acknowledged beneath the table. All the unacknowledged data are provided by the National Tourism Administration.

Comments from the readership on the errors in the Yearbook, unavoidable due to time constraint, are invited.

June, 1998

Editing Committee of

the Yearbook of China Tourism Statistics

目　录

CONTENTS

4. INTERNATIONAL TOURISTS RECEIVED BY TRAVEL AGENCIES

5. DISTRIBUTION OF INTERNATIONAL TOURISTS TO LOCALITY

6. STATISTICS OF HOTELS

7. STATISTICS OF DOMESTIC TOURISM

8. STATISTICS OF TOURISM ENTERPRISES

1997年中国旅游业统计公报

国　家　旅　游　局

1998年5月29日

1997年,我国旅游业积极开拓国际和国内客源市场,接待能力和创收能力进一步提高,国内和国际旅游总收入合计为3112.20亿元,比上年增长25.1%。旅游业在吸纳就业人口、带动相关产业、提高劳动生产率等方面继续取得显著成绩,在我国社会经济发展中的地位和作用进一步提高。

(一)国际旅游业实绩

1997年,中国国际旅游业主要经济指标呈良好增长趋势。

——来华旅游入境人数达5758.79万人次,比上年增长12.6%,其中:外国人742.80万人次,比上年增长10.1%;华侨9.90万人次,比上年减少36.0%;港澳同胞4794.33万人次,比上年增长12.8%;台湾同胞211.76万人次,比上年增长22.1%。

——来华过夜旅游者人数继续保持世界第6位,达2376.69万人次,比上年增长4.4%。

——全国国际旅游外汇收入达120.74亿美元,比上年增长18.4%,由上年位居世界第9位上升至第8位,相当于同年中国外贸出口收汇的6.6%。

(二)国内旅游业实绩

1997年,中国国内旅游人次数与1996年基本持平,国内旅游收入有较大幅度增长。

——全国国内旅游人数达6.44亿人次,比上年增长0.8%。其中:城镇居民2.59亿人次,农民3.85亿人次。

——全国国内旅游收入2112.70亿元人民币,比上年增长29.0%。其中:城镇居民旅游消费1551.83亿元,农民旅游消费560.87亿元。

——城镇居民国内旅游出游人均花费599.81元,农村农民国内旅游出游人均花费145.68元。

——经旅行社承办接待的国内城镇游客人数为1528.10万人次,占城镇国内旅游总人数的5.9%。

(三)旅游企业经营实绩

1997年,据对全国11938家旅游企业统计汇总:

——营业收入合计为1307.76亿元,比上年增长18.2%;

——上缴营业税合计为51.44亿元,比上年增长20.1%;

——实现利润合计为31.66亿元,比上年下降32.3%;平均利润率为2.4%,比上年下降1.8个百分点;

——实现利税总额合计为83.10亿元,比上年下降6.9%。

(四)旅游业产业规模及从业人数

——到1997年末,全国旅游业共有各类旅游企事业单位12894个(其中企业单位11938个),比上年末增长18.1%;国际旅游业直接从业人数135.94万人,比上年末增长13.6%;间接从业人数约680万人。

——到1997年末,全国旅游行业共拥有固定资产原值2147.88亿元,比上年末增长38.9%;拥有固定资产净值1527.75亿元,比上年末增长31.9%。

——到1997年末,全国旅游行业共拥有旅游涉外饭店5201家,客房70.17万间,分别比上年末增长17.7%和18.2%;旅行社4986家,比上年末增长17.3%。

(五)旅华客源市场情况

1997年,来华旅游客源市场进一步增长,在洲内近距离客源稳步增长的同时,欧、美等远距离客源持续递增。

——1997年,虽然受到亚洲金融风波的影响,洲内来华旅游人数仍较上年增长8.5%,占来华旅游外国人总数的59.4%。其中:日本来华旅游人数达158.17万人,居来华旅游人数之首,比上年增长2.1%;韩国来华旅游人数为78.11万人,比上年增长12.6%,但增长幅度较前两年有所减缓;新加坡、马来西亚、菲律宾、泰国、印尼五国合计来华旅游人数已达到127.06万人,比上年增长9.6%。

——1997年,美洲、欧洲、大洋洲客源分别比上年增长7.2%、15.7%和11.5%。传统客源市场中,澳大利亚、英国、加拿大等国旅华人数的增长均超过10%,美国、德国、法国和意大利旅华人数也有一定增长。新兴客源市场中,葡萄牙、西班牙、荷兰等国的增幅达25%以上,瑞典、挪威等国的增长率也都超过10%。

各主要客源国1997年的旅华人数,具体如下:

序 号	国 家	来华旅游入境人数(万人次)	比上年增减(%)
1	日本	158.17	2.1
2	俄罗斯	81.37	46.4
3	韩国	78.11	12.6
4	美国	61.64	6.9
5	马来西亚	36.13	21.1
6	蒙古	34.29	21.6
7	新加坡	31.68	10.7
8	菲律宾	27.67	13.5
9	英国	22.79	11.1
10	德国	18.47	3.2
11	加拿大	17.41	11.2
12	泰国	16.85	-12.8
13	澳大利亚	15.68	18.2
14	印度尼西亚	14.73	6.9
15	法国	13.13	6.5
16	哈萨克斯坦	9.49	12.9
17	朝鲜	7.14	12.6
18	意大利	6.51	4.9
19	印度	6.05	9.7
20	荷兰	5.23	26.6
21	瑞典	3.85	12.5
22	葡萄牙	3.58	45.7
23	缅甸	3.16	48.2
24	越南	3.12	32.2
25	瑞士	3.03	-9.4
26	吉尔吉斯斯坦	3.02	-0.5

(六)分地区国际旅游接待与收汇情况

1997年,各地区接待的海外旅游者总数保持两位数的增长,接待海外游客人数超30万人次的省市在不断增加,接待能力有所加强。

——1997年,全国各省、自治区、直辖市接待的海外旅游者,累计为2184.74

万人次，比上年增长12.0%。接待量超过30万人次的有广东、北京、上海、福建、江苏、浙江、云南、山东、湖北、广西、陕西、海南、辽宁、黑龙江、内蒙古、河北、湖南等17个省、区、市，比上年增加3个省市。广东为739.16万人次，居全国第一位。

——1997年，全国各省、自治区、直辖市接待的外国旅游者，累计为1090.94万人次，比上年增长10.2%。接待量超过20万人次的有北京、广东、上海、江苏、云南、浙江、陕西、湖北、山东、广西、内蒙古、福建、辽宁、黑龙江、河北、天津等16个省、区、市。北京为186.86万人次，居全国第一位。

——1997年，国际旅游外汇收入超过1亿美元的省、自治区、直辖市有18个，按外汇收入多少排列，具体情况是：

序号	地区	国际旅游外汇收入（万美元）	接待海外旅游者人数（万人次）
1	广东	280 055	739.16
2	北京	224 760	229.84
3	上海	131 698	165.35
4	福建	61 373	115.05
5	江苏	40 828	101.70
6	浙江	34 492	81.15
7	云南	26 391	80.54
8	辽宁	25 953	38.80
9	陕西	22 464	53.94
10	山东	20 376	58.50
11	天津	18 009	28.04
12	广西	17 839	57.31
13	湖北	16 978	58.02
14	湖南	14 004	30.16
15	内蒙古	10 700	32.71
16	重庆	10 548	26.12
17	黑龙江	10 452	34.19
18	海南	10 207	41.28

（七）主要城市国际旅游接待与收汇情况

——1997年，接待海外旅游者人数超过20万人次的城市有广州、北京、深圳、上海、珠海、昆明、杭州、西安、桂林、泉州、厦门、中山、武汉、南京、重庆、苏州、郑州、黄山、海口、大连等20个；另有长沙、青岛、无锡、成都、沈阳、汕头、天津、福州、哈尔滨、延边、三亚、承德、宁波等13个城市的接待人数超过10万人次。这些主要旅游城市，共接待海外旅游者1698.51万人次，占全国接待海外旅游者总人次数的77.7%。

——1997年，接待外国旅游者人数超过10万人次的城市有北京、上海、广州、西安、深圳、昆明、桂林、杭州、苏州、厦门、南京、重庆、武汉、大连、沈阳、青岛、无锡、延边、天津、成都等20个。

——1997年，国际旅游外汇收入超过1亿美元的城市有北京、上海、广州、深圳、珠海、厦门、泉州、西安、杭州、天津、大连、昆明、桂林、南京、武汉、重庆、苏州、长沙等18个；另有汕头、青岛、沈阳、中山、福州、无锡、成都、海口等8个城市的国际旅游外汇收入超过5000万美元。国际旅游外汇收入超过1亿美元的城市，按外汇收入多少排列，具体情况是：

序号	城市	国际旅游外汇收入（万美元）	接待海外旅游者人数（万人次）
1	北京	224 760	229.84
2	上海	131 698	165.35
3	广州	102 156	294.45
4	深圳	93 006	226.19
5	珠海	32 906	61.45
6	厦门	24 149	38.58
7	泉州	20 735	42.81
8	西安	20 092	48.53
9	杭州	20 078	50.43
10	天津	18 009	28.04
11	大连	17 002	20.50
12	昆明	15 666	50.81
13	桂林	14 014	45.02
14	南京	12 061	29.25
15	武汉	11 060	30.90
16	重庆	10 548	26.12
17	苏州	10 504	27.52
18	长沙	10 000	19.47

(八)旅游涉外饭店的规模和经营情况

1997 年,在现有统计范围内,我国旅游涉外饭店不断增加,但与此同时,客房出租率和盈利水平有所下降。

——到 1997 年末,全国共有旅游涉外饭店 5201 家,比上年末增加 783 家,其中包括公寓 17 家,写字楼 14 家,游船 12 艘;共拥有客房70.17万间,比上年末增加 10.80 万间;床位 141.17 万张,比上年末增加 21.20 万张。

——1997 年,全国旅游涉外饭店年平均客房出租率为 53.8%,比上年下降 1.5个百分点;其中:全国 2724 家星级饭店全年平均客房出租率为 56.1 %,比上年下降 1.4 个百分点;全国 3343 家国有饭店全年平均客房出租率为 52.4%,比上年下降 2.2 个百分点;全国 734 家外商和港澳台商投资饭店全年平均客房出租率为 58.8%,比上年下降 0.4 个百分点。

——1997 年,全国旅游涉外饭店营业收入总额为 812.36 亿元,比上年增长 11.1%;上缴营业税 40.71 亿元,比上年增长 11.3%;实现利润 8.14 亿元,比上年下降 75.7%;全员劳动生产率达 7.83 万元/人,比上年增长 0.9%。

——全国 3343 家国有经济饭店,1997 年共实现营业收入 369.13 亿元,比上年增长 7.3%;上缴营业税 18.05 亿元,比上年增长 1.9%;利润亏损为 5.89 亿元;全员劳动生产率达 6.21 万元/人,比上年下降 0.6 %。

——全国外商和港澳台客商投资兴建的 734 家饭店,1997 年共实现营业收入 351.32 亿元,比上年增长 9.5%;上缴营业税 17.76 亿元,比上年增长 15.9%;实现净利润 19.92 亿元,比上年下降 26.8%;全员劳动生产率达 12.59 万元/人,比上年增长 4.7%。

——到 1997 年末,已评定星级的旅游涉外饭店 2724 家,比上年增加 375 家。其中:五星级饭店 57 家,增加 11 家;4 星级饭店 157 家,增加 29 家;三星级饭店 895 家,增加 152 家;二星级饭店 1339 家,增加 191 家;一星级饭店 276 家,减少 8 家(由于一些一星级饭店升级所致)。全国星级饭店共实现营业收入 562.31 亿元,比上年增长 7.5%,占全国旅游涉外饭店营业收入总额的 69.2%;上缴营业税 27.31 亿元,比上年增长 9.0%; 实现净利润 14.59 亿元,比上年下降 54.2%。

——1997 年营业收入超亿元的旅游涉外饭店共有 97 家,比上年减少 14 家。其中,营业收入在 1-2 亿元之间的有 66 家,比上年减少 9 家; 2-3 亿元之间的有 13 家,比上年减少 4 家;3 亿元以上的有 18 家,比上年减少 1 家。营业收入最高的是北京丽都假日饭店,达 6.63 亿元。

——1997 年,拥有客房 300 间以上的大中型饭店,占全国客房数总数34.4%,取得了较好的经济效益。共创利 30.29 亿元,利润率达 8.85%,上缴税金17.76亿元,全员劳动生产率达 13.24 万元/人。

——1997 年全国旅游涉外饭店规模及其经营情况,具体如下:

	饭店数（座）	客房数（万间）	床位数（万张）	营业收入（亿元）	利润总额（亿元）	客房出租率（%）
全国合计	5 201	70.17	141.17	812.36	8.14	53.78
按经济类型划分						
国有经济	3 343	42.18	87.27	369.13	-5.89	52.43
集体经济	726	5.98	12.35	44.92	-4.41	50.24
私营经济	97	0.63	1.22	6.63	-0.93	50.11
联营经济	78	0.91	1.97	10.75	-1.02	50.86
股份制经济	223	2.64	5.25	29.61	0.46	54.05
外商投资经济	464	8.39	15.08	211.53	12.78	58.12
港澳台商投资经济	270	9.44	18.03	139.79	7.15	59.57
按规模划分						
客房数在						
500间以上	96	14.15	27.46	193.53	31.88	60.38
300-499间	267	9.93	18.52	148.92	-1.59	57.91
200-299间	464	11.16	21.91	143.91	-5.48	54.67
100-199间	1 519	21.07	43.82	174.37	-12.38	51.62
99间以下	2 855	13.86	29.46	151.63	-4.29	49.90
按饭店星级划分						
五星级	57	2.91	4.96	119.54	18.03	62.92
四星级	157	5.40	9.68	134.11	3.64	61.04
三星级	895	15.73	30.59	207.17	-3.34	56.86
二星级	1 339	14.37	30.10	93.16	-3.42	52.69
一星级	276	1.94	4.27	8.33	-0.32	48.61
未评星级	2 477	29.82	61.57	250.05	-6.45	50.38

(九)旅行社的规模和经营情况

1997年我国旅行社企业接待规模有所提高,但盈利水平有所下降。

——到1997年末,全国共有旅行社4986家,比上年末增加734家。其中:国际旅行社991家,比上年末增加14家;国内旅行社3995家,比上年末增加720家。

——1997年,各类旅行社共实现营业收入234.80亿元,比上年增长17.2%;实现利润总额5.13亿元,比上年下降6.0%;上缴营业税及附加2.14亿元,增长4.9%。

——1997年,全国国际旅行社共招徕过夜海外旅游者303.83万人、1187.62万人天,其中:人数比上年增长9.8%,人天数增长14.9%。

——1997年,经过旅行社接待的过夜海外旅游者650.13万人次、1409.17万人天，其中：人数比上年增长5.6%，人天数比上年增长12.5%；接待一日游游客306.33万人次，比上年增长10.0%。

(十)出境人数

——1997年，中国公民出境人数为532.39万人次，比上年增长5.2%。其中：因公出境288.43万人次，比上年增长9.0%；因私出境243.96万人次，比上年增长1.1%。

——1997年，经旅行社组织出境旅游的人数为143.07万人次，比上年下降12.8%，占出境总人数的26.9%。

(十一)旅游教育

到1997年末，全国共有高等旅游院校及开设旅游系(专业)的普通高等院校192所，比上年增加26所，在校学生28566人；中等专业学校87所，比上年增加45所，在校学生26912人；职业中学657所，比上年增加20所，在校学生166026人。以上合计，总数为936所，在校学生为221504人。

(十二)旅游基本建设

——1997年，由国家旅游局直接安排旅游基本建设投资为6.86亿元，其中：基建基金拨款1.01亿元，银行人民币贷款1.70亿元，银行外汇贷款0.5亿美元(折合4.15亿元人民币)。全年国家旅游局共安排基建项目100个，其中：直属项目18个，补助地方项目82个。

——1997年，旅游业利用外资工作取得较大成果，特别是在度假旅游产品和专项旅游产品的开发上取得明显进展。1997年，12个国家旅游度假区签订招商引资项目79个，协议投资金额2.89亿美元，其中外商投资金额1.09亿美元，占协议金额的37.7%；实际到位资金2.32亿美元，其中外商到位资金0.77亿美元。

Statistics Report for China's Tourism Industry in 1997

National Tourism Administration
29 May, 1998

In 1997, China's tourism industry has done its utmost to expand the international and domestic generating markets and to raise the receiving capacity and the tourism earnings. As a result, the total revenue of China's domestic and inbound tourism amounted to CNY 311.22 billion, an increase of 25.1% over the previous year. Besides, the industry continued to achieve remarkable progress in terms of job creation, related sector development and the increase of productivity, thus occupying a significant position and playing an important role in social and economic activities.

1. International Tourism Achievements

In 1997, the key economic indicators of China's international tourism has shown a sound trend of growth.

——The total number of international tourist arrivals to China was 57.5879 million, a 12.6% increase over the previous year, including 7.428 million foreigners, a 10.1% increase; 99 thousand overseas Chinese, a 36.0% decrease; 47.9433 million compatriots from Hong Kong and Macao, a 12.8% increase; 2.1176 million compatriots from Taiwan, a 22.1% increase respectively over the previous year.

——The total number of overnight visitors to China still ranked number six in the world table, totaling 23.7669 million, an increase of 4.4% over the previous year.

——The total international tourism foreign exchange receipts in China amounted to U.S. $ 12.074 billion, up 18.4% over the previous year, which rose to number eight from number nine in the world table, an equivalent of 6.6% of the total foreign exchange receipts for China's foreign trade and export over the same year.

2. Domestic Tourism Achievements

In 1997, the number of China's domestic tourism maintained the similar level with the year of 1996, and the amount of the domestic tourism revenue witnessed the considerable increase.

——The number of domestic visitors totaled 644 million, up 0.8% over the previous year, including 259 million urban residents and 385 million rural residents respectively.

——The total revenue of domestic tourism amounted to CNY 211.27 billion, a 29.0% increase over the previous year, in which CNY 155.183 billion were spent by urban residents and CNY 56.087 billion spent by rural residents.

——The average domestic tourism expenditure by urban residents was CNY 599.81 per person and the average spending by rural residents was CNY 145.68 per person.

——The total number of urban visitors organized and received by travel agencies numbered 15.2810 million, representing 5.9% of the total number of urban visitors.

3. Tourism and Travel Enterprises Operation Achievements

In 1997, the statistical summary of 11938 travel – related enterprises were as follows:

——The total amount of business earnings was CNY 130.776 billion, an increase of 18.2% over the previous year;

——The total amount of business tax paid was CNY 5.144 billion, an increase of 20.1% over the previous year;

—— The total amount of profit was CNY 31.66 billion, down by 32.3% over the previous year; the average profit rate was 2.4%, 1.8 percentage points lower than the previous year;

——The total amount of profit and tax was CNY 8.310 billion, down 6.9% over the previous year.

4. Scale of Tourism Industry and Number of Employees

——By the end of 1997, the total number of travel – related business enterprises and non – business tourism institutions in China's tourism industry was 12894 (including 11938 travel enterprises), up 18.1% over the end of the previous year; the number of employees directly involved in the international tourism industry was 1.3594 million, up 13.6% over the end of the previous year; the number of employees indirectly involved in the industry was approximately 6.80 million.

——By the end of 1997, the total original value of fixed assets possessed by China's tourism industry was worth of CNY 214.788 billion, up 38.9% over the end of the previous year; the net value of fixed assets was worth of CNY 152.775 billion, up 31.9% over the end of the previous year.

——By the end of 1997, there were 5201 tourist hotels nationwide with 701.7 thousand rooms, up 17.7% and 18.2% respectively over the end of the previous year; there were 4986 travel agencies nationwide, up 17.3% over the end of the previous year.

5. International Tourism Market

In 1997, the tourist generating markets to China were in a state of further growth. The Asian short – haul markets to China maintained the steady growth while European and American long – haul markets continued to rise.

——In 1997, although affected by the Asian financial turmoil, the number of

Asian visitors to China kept to increase at a rate of 8.5% over the previous year, representing 59.4% of the total foreigner arrivals to China, in which 1.5817 million visitors came from Japan, the top generating market to China, increasing at the rate of 2.1% over the previous year; 781.1 thousand visitors from Korea, up 12.6% over the previous year but the growth rate began to slow down as compared with the last two years. The total number of visitors from Singapore, Malaysia, the Philippines, Thailand and Indonesia to China amounted to 1.2706 million, up 9.6% over the previous year.

——In 1997, the generating markets such as America, Europe and Oceania increased respectively at the rate of 7.2%, 15.7% and 11.5% over the previous year. Among the traditional markets, the average growth rate of visitors from Australia, UK and Canada to China was over 10.0% while the arrivals from U. S. A., Germany, France and Italy to China also witnessed some progress. New markets such as Portugal, Spain, the Netherlands have grown at the rate of over 25.0% and the growth rate of arrivals from countries like Sweden and Norway was also above 10.0%.

The following is the breakdown of the arrivals from the top tourism generating countries to China in 1997:

No.	Country	Arrivals in China (thousand)	% over 1996
1.	Japan	1 581.7	2.1
2.	Russia	813.7	46.4
3.	Korea	781.1	12.6
4.	U.S.A.	616.4	6.9
5.	Malaysia	361.3	21.1
6.	Mongolia	342.9	21.6
7.	Singapore	316.8	10.7
8.	Philippines	276.7	13.5
9.	UK	227.9	11.1
10.	Germany	184.7	3.2
11.	Canada	174.1	11.2
12.	Thailand	168.5	-12.8
13.	Australia	156.8	18.2
14.	Indonesia	147.3	6.9
15.	France	131.3	6.5
16.	Kazakhstan	94.9	12.9
17.	DPRK	71.4	12.6
18.	Italy	65.1	4.9
19.	India	60.5	9.7
20.	Netherlands	52.3	26.6

21.	Sweden	38.5	12.5
22.	Portugal	35.8	45.7
23.	Myanmar	31.6	48.2
24.	Vietnam	31.2	32.2
25.	Switzerland	30.3	-9.4
26.	Kyrgyzstan	30.2	-0.5

6. Number of International Tourists and Receipts by Regions

In 1997, the total number of overseas visitors received by regions increased by two digits. The number of provinces and cities that received 300 thousand visitors were on the increase with the improvement of receiving capacity.

——In 1997, the accumulated number of overseas tourists received by all the provinces, autonomous regions and municipalities was 21.8474 million, an increase of 12.0% over the previous year. A total of 17 provinces, regions and municipalities received more than 300 thousand visitors respectively such as Guangdong, Beijing, Shanghai, Fujian, Jiangshu, Zhejiang, Yunnan, Shandong, Hubei, Guangxi, Shaanxi, Hainan, Liaoning, Heilongjiang, Inner Mongolia, Hebei and Hunan, 3 more provinces and cities than last year, with Guangdong ranking number one by receiving 7.3916 million.

——In 1997, the accumulated number of foreign tourists received by all the provinces, autonomous regions and municipalities was 10.9094 million, up 10.2% over the previous year. A total of 16 provinces, autonomous regions and municipalities received more than 200 thousand respectively such as Beijing, Guangdong, Shanghai, Jiangshu, Yunnan, Zhejiang, Shaanxi, Hubei, Shandong, Guangxi, Inner Mongolia, Fujian, Liaoning, Heilongjiang, Hebei and Tianjin with Beijing ranking number one by receiving 1.8686 million.

——In 1997, the amount of international tourism receipts of 18 provinces, autonomous regions and municipalities reached more than U.S. $ 100 million respectively with the following breakdown by the amount of tourism receipts.

No.	Region	Tourism Receipts (Mn. US$)	Tourists Received (thousand)
1.	Guangdong	2 800.55	7 391.6
2.	Beijing	2 247.60	2 298.4
3.	Shanghai	1 316.98	1 653.5
4.	Fujian	613.73	1 150.5
5.	Jiangshu	408.28	1 017.0
6.	Zhejiang	344.92	811.5

7.	Yunnan	263.91	805.4
8.	Liaoning	259.53	388.0
9.	Shaanxi	224.64	539.4
10.	Shandong	203.76	585.0
11.	Tianjin	180.09	280.4
12.	Guangxi	178.39	573.1
13.	Hubei	169.78	580.2
14.	Hunan	140.04	301.6
15.	Inner Mongolia	107.00	327.1
16.	Chongqing	105.48	261.2
17.	Heilongjiang	104.52	341.9
18.	Hainan	102.07	412.8

7. Number of International Tourists and Receipts By Major Cities

——In 1997, a total of 20 cities received more than 200 thousand overseas tourists respectively such as Guangzhou, Beijing, Shenzhen, Shanghai, Zhuhai, Kunming, Hangzhou, Xi' an, Guilin, Quanzhou, Xiamen, Zhongshan, Wuhan, Nanjing, Chongqing, Suzhou, Zhengzhou, Huangshan, Haikou and Dalian. In addition, a total of 13 cities received more than 100 thousand overseas tourists such as Changsha, Qingdao, Wuxi, Chengdu, Shenyang, Shantou, Tianjin, Fuzhou, Harbin, Yanbian, Sanya, Chengde and Ningbo. These major tourist cities received 16. 9851 million overseas tourists in total, representing 77.7% of the total number of overseas tourists received nationwide.

——In 1997, a total of 20 cities received 100 thousand foreign tourists such as Beijing, Shanghai, Guangzhou, Xi'an, Shenzhen, Kunming, Guilin, Hangzhou, Suzhou, Xiamen, Nanjing, Chongqing, Wuhan, Dalian, Shenyang, Qingdao, Wuxi, Yanbian, Tianjin and Chengdu.

——In 1997, the amount of international tourism receipts of 18 cities respectively reached more than U.S. $ 100 million such as Beijing, Shanghai, Guangzhou, Shenzhen, Zhuhai, Xiamen, Quanzhou, Xi' an, Hangzhou, Tianjin, Dalian, Kunming, Guilin, Nanjing, Wuhan, Chongqing, Suzhou and Changsha. In addition, the amount of international tourism receipts of 8 cities respectively reached more than U.S. $ 50 million such as Shantou, Qingdao, Shenyang, Zhongshan, Fuzhou, Wuxi, Chengdu and Haikou. The top cities with U.S. $ 100 million tourism earnings are listed as follows by the amount of their receipts:

No.	City	Tourism Receipts (million US $)	Tourists Received (thousand)
1.	Beijing	2 247.60	2 298.4
2.	Shanghai	1 316.98	1 653.5
3.	Guangzhou	1 021.56	2 944.5
4.	Shenzhen	930.06	2 261.9
5.	Zhuhai	329.06	614.5
6.	Xiamen	241.49	385.8
7.	Quanzhou	207.35	428.1
8.	Xi'an	200.92	485.3
9.	Hangzhou	200.78	504.3
10.	Tianjin	180.09	280.4
11.	Dalian	170.02	205.0
12.	Kunming	156.66	508.1
13.	Guilin	140.14	450.2
14.	Nanjing	120.61	292.5
15.	Wuhan	110.60	309.0
16.	Chongqing	105.48	261.2
17.	Suzhou	105.04	275.2
18.	Changsha	100.00	194.7

8. Scale and Business of Tourist Hotels

According to the current scope of tourism statistics, the overall number of tourist hotels nationwide in 1997 was on the increase while the occupancy rate of rooms and the level of profit dropped to some extent.

——By the end of 1997, there were a total of 5201 tourist hotels in China, 783 more over the end of the previous year, including 17 apartments, 14 office buildings and 12 tourist cruises with a total of 701.7 thousand rooms, 108.0 thousand more over the end of the previous year and with a total of 1.4117 million beds, 212.0 thousand more over the end of the previous year.

——In 1997, the yearly average occupancy rate of tourist hotels nationwide was 53.8%, 1.5 percentage points lower than the previous year, in which the yearly average occupancy rate of 2724 star - rated tourist hotels was 56.1%, 1.4 percentage points lower than the previous year; that of 3343 stated - owned tourist hotels were 52.4%, 2.2 percentage points lower than the previous year; that of 734 tourist hotels with foreign capital and the investment from Hong Kong, Macao and Taiwan was 58.8%, 0.4 percentage points lower than the previous year.

——In 1997, the yearly total business income amounted to CNY 81.236 billion, up 11.1% over the previous year; the paid business tax was CNY 4.071 billion, up 11.3% over the previous year; the gained profit totaled CNY 814 million, down 75.7% over the previous year; per capita output was CNY 78.3 thousand/person, up 0.9% over the previous year.

——There were a total of 3343 state-owned economy hotels in China. In 1997, their total business income amounted to CNY 36.913 billion, up 7.3% over the previous year; the paid business tax was CNY 1.805 billion, up 1.9% over the previous year; per capita output was CNY 62.1 thousand/person, down 0.6% over the previous year.

——A total of 734 tourist hotels were built by foreign businessmen and businessmen from Hong Kong, Macao and Taiwan. In 1997, their total business earnings amounted to CNY 35.132 billion, up 9.5% over the previous year; the paid business tax was CNY 1.776 billion, up 15.9% over the previous year; the net profit was CNY 1.992 billion, down 26.8% over the previous year; per capita output was CNY 125.9 thousand/person, up 4.7% over the previous year.

——By the end of 1997, the total number of star-rated tourist hotels were 2724, 375 more than the previous year, including 57 five-star hotels by adding 11; 157 four-star hotels by adding 29; 895 three-star hotels by adding 152; 1339 two-star hotels by adding 191; 276 one-star hotels by reducing 8 (due to upgrading of some hotels). The total business income of all the star-rated hotels nationwide amounted to CNY 56.231 billion, up 7.5% over the previous year, representing 69.2% of the total revenue of tourists hotels nationwide; the paid business tax was CNY 2.731 billion, up 9.0% over the previous year; the net profit was CNY 1.459 billion, down 54.2% over the previous year.

——In 1997, there were 97 tourist hotels with the business income of over CNY 100 million, 14 less than the previous year, among which 66 hotels income was between CNY 100 million and CNY 200 million, 9 less than the previous year; 13 hotels income was between CNY 200 million and CNY 300 million, 4 less than the previous year; 18 hotels income was more than CNY 300 million, one hotel less than the previous year. The top hotel in terms of business revenue was Holiday Inn lido Beijing with the total revenue of CNY 663 million.

——In 1997, large and medium-sized hotels with over 300 hotel rooms, representing 34.4% of the total tourist hotels rooms, achieved good economic results with the total profit of CNY 3.029 billion, the profit rate of 8.85% and the profit tax of CNY 1.776 billion, and the per capita output was CNY 132.4 thousand/person.

——The scale and business of all the tourist hotels nationwide in 1997 were seen as follows:

	Hotels	Rooms (1 000)	Beds (1 000)	Revenue (CNY billion)	Total Profit (CNY million)	Occupancy (%)
total	5 201	701.7	1 411.7	81.236	814	53.78
by economic types						
state - owned	3 343	421.8	872.7	36.913	- 589	52.43
collective - owned	726	59.8	123.5	4.492	- 441	50.24
private - owned	97	6.3	12.2	0.663	- 93	50.11
alliance	78	9.1	19.7	1.075	- 102	50.86
share - stock	223	26.4	52.5	2.961	46	54.05
foreign - invested	464	83.9	150.8	21.153	1 278	58.12
H.K, Macao, Taiwan - invested	270	94.4	180.3	13.979	715	59.57
by scale						
room numbers						
over 500	96	141.5	274.6	19.353	3 188	60.38
between 300 - 499	267	99.3	185.2	14.892	- 159	57.91
between 200 - 299	464	111.6	219.1	14.391	- 548	54.67
between 100 - 199	1 519	210.7	438.2	17.437	- 1 238	51.62
below 99	2 855	138.6	294.6	15.163	- 429	49.90
by star - rating						
5 - star	57	29.1	49.6	11.954	1 803	62.92
4 - star	157	54.0	96.8	13.411	364	61.04
3 - star	895	157.3	305.9	20.717	- 334	56.86
2 - star	1 339	143.7	301.0	9.316	- 342	52.69
1 - star	276	19.4	42.7	0.833	- 32	48.61
non - star	2 477	298.2	615.7	25.005	- 645	50.38

9. Scale and Business of Travel Agencies

In 1997 the receiving capacity of China's travel agencies was improved. However the level of profit dropped to some extent.

——By the end of 1997, there were altogether 4986 travel agencies, 734 more over the end of the previous year, including 991 international travel agencies, 14 more over the end of the previous year; 3995 domestic travel agencies, 720 more over the end of the previous year.

——In 1997, the total business income gained by all travel agencies amounted CNY 23.480 billion, up 17.2% over the previous year. The total amount of profit received was CNY 513 million, down 6.0% over the previous year; business tax and added were

CNY 214 million, up 4.9% over the previous year.

——In 1997, the total number of overnight overseas tourists received by all the International travel agencies was 3.0383 million and 11.8762 million person/night with the increase of 9.8% and 14.9% over the previous year respectively.

——In 1997, the total number of overnight overseas tourists received by all the international travel agencies was 6.5013 million and 14.0917 million person/night, which was up 5.6% and 12.5% respectively over the previous year; the total number of same - day visitors numbered 3.0633 million, up 10.0% over the previous year.

10. Outbound Travel

——In 1997, the total number of Chinese outbound travellers was 5.3239 million, up 5.2% over the previous year, in which 2.8843 million Chinese nationals traveled for public affairs, up 9.0% over the previous year; 2.4396 million for private purpose, up 1.1% over the previous year.

——In 1997, the total number of Chinese outbound travellers organized by travel agencies was 1.4307 million, down 12.8% over the previous year, representing 26.9% of the total number of outbound Chinese nationals.

11. Tourism education

By the end of 1997, the total number of high - level tourism colleges/universities with tourism departments was 192, adding 26 over the previous year with the enrollment of 28.566 thousand students; the number of medium - level professional schools was 87, adding 45 over the previous year with the enrollment of 26.912 thousand students; the number of vocational schools was 657, adding 20 over the previous year with the enrollment of 166.026 thousand students. To sum up the above figures, there were totally 936 schools with the enrollments of 221.504 thousand students.

12. Tourism Capital Construction.

——In 1997, the amount of capital directly arranged by China National Tourism Administration for tourism construction and investment was CNY 686 million, including CNY 101 million as allocation of fund for capital construction, CNY 170 million as loan from domestic banks and U.S. $ 50 million as foreign currency loan from domestic banks (equal to CNY 415 million). CNTA arranged a total of 100 projects of capital construction, including 18 projects under direct control and 82 local projects with CNTA subsidies.

——In 1997, considerable achievements were made in utilizing foreign investment in the tourism industry, especially in developing holiday resorts and special interest program. In 1997, 12 national holiday resorts have signed the contracts of 79 projects in absorbing foreign capital. The amount of agreement capital was U.S. $ 289 million which included U.S. $ 109 million foreign capital, representing 37.7% of the agreement capital; the amount of capital already put into projects was U.S. $ 232 million including U.S. $ 77 million foreign capital.

一、来华旅游入境人数

1. INTERNATIONAL VISITOR ARRIVALS TO CHINA

1-1 1978—1997年来华旅游入境人数
ANNUAL VISITOR ARRIVALS 1978-1997

单　位:人
UNIT:PERSON

年　份 YEAR	总　计 TOTAL	外　国　人 FOREIGN-ERS	华　侨 OVERSEAS CHINESE	港澳台同胞 * COMPA-TRIOTS	#台湾同胞 TAIWAN
1978	1 809 221	229 646	18 092	1 561 483	
1979	4 203 901	362 389	20 910	3 820 602	
1980	5 702 536	529 124	34 413	5 138 999	
1981	7 767 096	675 153	38 856	7 053 087	
1982	7 924 261	764 497	42 745	7 117 019	
1983	9 477 005	872 511	40 352	8 564 142	
1984	12 852 185	1 134 267	47 498	11 670 420	
1985	17 833 097	1 370 462	84 827	16 377 808	
1986	22 819 450	1 482 276	68 133	21 269 041	
1987	26 902 267	1 727 821	87 031	25 087 415	
1988	31 694 804	1 842 206	79 348	29 773 250	437 700
1989	24 501 394	1 460 970	68 556	22 971 868	541 000
1990	27 461 821	1 747 315	91 090	25 623 416	948 000
1991	33 349 757	2 710 103	133 427	30 506 227	946 632
1992	38 114 945	4 006 427	165 077	33 943 441	1 317 770
1993	41 526 945	4 655 857	166 182	36 704 906	1 526 969
1994	43 684 456	5 182 060	115 245	38 387 151	1 390 215
1995	46 386 511	5 886 716	115 818	40 383 977	1 532 309
1996	51 127 516	6 744 334	154 601	44 228 581	1 733 897
1997	57 587 923	7 428 006	99 004	50 060 913	2 117 576

资料来源:公安部
SOURCE: MINISTRY OF PUBLIC SECURITY
NOTE: * COMPATRIOTS FROM HONG KONG, MACAU AND TAIWAN PROVINCE.

1-2 1997年各月来华旅游入境人数

MONTHLY VISITOR ARRIVALS 1997

单 位:人
UNIT:PERSON

月份 MONTH		总计 TOTAL	外国人 FOREI-GNERS	华侨 OVER-SEAS CHINESE	港澳同胞 HONG KONG & MACAU	台湾同胞 TAIWAN PROVINCE
全 年	**WHOLE YEAR**	**57 587 923**	**7 428 006**	**99 004**	**47 943 337**	**2 117 576**
一 月	JAN.	4 103 046	499 714	8 435	3 453 620	141 277
二 月	FEB.	4 111 475	470 636	6 975	3 458 290	175 574
三 月	MAR.	4 779 418	628 258	11 064	3 961 476	178 620
四 月	APR.	4 703 581	642 659	10 161	3 840 245	210 516
五 月	MAY	4 534 540	633 821	8 801	3 699 097	192 821
六 月	JUNE	4 467 858	589 043	6 159	3 704 838	167 818
七 月	JULY	4 870 899	608 856	8 028	4 077 739	176 276
八 月	AUG.	5 257 054	694 419	5 638	4 408 416	148 581
九 月	SEP.	5 008 153	696 108	8 634	4 099 046	204 365
十 月	OCT.	5 188 541	756 545	8 971	4 218 236	204 789
十一月	NOV.	5 338 380	648 063	8 277	4 524 384	157 656
十二月	DEC.	5 224 978	559 884	7 861	4 497 950	159 283

资料来源：公安部
SOURCE:MINISTRY OF PUBLIC SECURITY

1-3 1996—1997年主要客源国来华旅游入境人数
FOREIGN VISITOR ARRIVALS FROM THE MAIN GENERATING COUNTRIES 1996－1997

单　位:人
UNIT:PERSON

国　籍 NATIONALITY		1997年 1997	1996年 1996	1997年比1996年增长(%) GROWTH 1997/1996(%)
总　计	**TOTAL**	**7 428 006**	**6 744 334**	**10.1**
其　中	OF WHICH			
日　本	JAPAN	1 581 747	1 548 843	2.1
俄罗斯	RUSSIA	813 681	555 897	46.4
韩　国	KOREA	781 119	693 944	12.6
美　国	UNITED STATES	616 438	576 416	6.9
马来西亚	MALAYSIA	361 308	298 451	21.1
蒙　古	MONGOLIA	342 881	281 907	21.6
新加坡	SINGAPORE	316 825	286 316	10.7
菲律宾	PHILIPPINES	276 656	243 727	13.5
英　国	UNITED KINGDOM	227 907	205 197	11.1
德　国	GERMANY	184 712	178 982	3.2
加拿大	CANADA	174 092	156 613	11.2
泰　国	THAILAND	168 508	193 287	-12.8
澳大利亚	AUSTRALIA	156 840	132 683	18.2
印度尼西亚	INDONESIA	147 328	137 767	6.9
法　国	FRANCE	131 286	123 291	6.5
哈萨克斯坦	KAZAKHSTAN	94 904	84 052	12.9
朝　鲜	KOREA, D.P.REP.	71 363	63 372	12.6
意大利	ITALY	65 139	62 104	4.9
印　度	INDIA	60 455	55 103	9.7
荷　兰	NETHERLANDS	52 257	41 287	26.6
瑞　典	SWEDEN	38 506	34 237	12.5
葡萄牙	PORTUGAL	35 830	24 587	45.7
缅　甸	BURMA	31 590	21 310	48.2
越　南	VIETNAM	31 176	23 586	32.2
瑞　士	SWITZERLAND	30 257	33 397	-9.4
吉尔吉斯斯坦	KYRGYZSTAN	30 153	30 299	-0.5

资料来源:公安部
SOURE: MINISTRY OF PUBLIC SECURITY

1-4 1997年各月来华旅游

MONTHLY FOREIGN VISITOR

国籍 NATIONALITY		一月 JAN.	二月 FEB.	三月 MAR.	四月 APR.	五月 MAY	六月 JUNE
总计	**TOTAL**	**499 714**	**470 636**	**628 258**	**642 659**	**633 821**	**589 043**
日本	JAPAN	106 744	102 430	148 153	122 800	128 613	125 059
韩国	KOREA	61 182	50 949	53 975	55 747	61 962	67 903
蒙古	MONGOLIA	28 986	14 376	18 597	27 845	27 334	30 870
印度尼西亚	INDONESIA	9 260	17 586	11 469	13 224	10 003	12 745
马来西亚	MALAYSIA	13 806	29 179	31 087	39 916	55 342	22 035
菲律宾	PHILIPPINES	20 208	20 259	23 434	25 877	26 152	23 197
新加坡	SINGAPORE	16 201	21 367	24 868	28 068	26 608	33 307
泰国	THAILAND	11 005	14 272	15 682	30 439	18 471	11 489
其它	OTHERS	31 182	24 156	31 089	39 268	38 808	5 989
亚洲	**ASIA**	**298 574**	**294 574**	**358 354**	**383 184**	**393 293**	**362 594**
英国	UNITED KINGDOM	15 546	14 988	22 883	21 972	19 386	16 929
法国	FRANCE	8 516	7 572	11 125	14 098	13 704	8 681
德国	GERMANY	11 720	12 465	23 026	17 998	16 248	12 089
意大利	ITALY	4 041	3 908	6 050	6 768	4 618	4 552
瑞士	SWTZERLAND	1 852	1 758	3 239	3 216	3 037	2 244
瑞典	SWEDEN	3 067	2 578	3 793	3 953	2 958	3 134
荷兰	NETHERLANDS	3 247	3 226	4 075	4 881	4 050	3 495
俄罗斯	RUSSIA	43 329	40 169	60 798	54 498	51 365	68 848
其它	OTHERS	27 301	19 850	28 532	29 005	26 354	22 282
欧洲	**EUROPE**	**118 619**	**106 514**	**163 521**	**156 389**	**141 720**	**142 254**
美国	U.S.A.	42 713	35 072	60 618	57 804	57 565	49 628
加拿大	CANADA	13 769	12 023	16 101	14 976	14 415	11 767
其它	OTHERS	6 440	5 743	6 226	7 633	6 422	5 324
美洲	**AMERICA**	**62 922**	**52 838**	**82 945**	**80 413**	**78 402**	**66 719**
澳大利亚	AUSTRALIA	12 027	9 413	13 765	12 168	12 201	10 635
新加兰	NEW ZEALAND	2 402	2 305	2 495	2 735	2 213	1 966
其它	OTHERS	624	573	1 283	744	655	456
大洋洲	**OCEANIA**	**15 053**	**12 291**	**17 543**	**15 647**	**15 069**	**13 057**
非洲	**AFRICA**	**3 437**	**3 124**	**4 119**	**5 111**	**3 990**	**3 404**
其它	**OTHERS**	**1 109**	**1 295**	**1 776**	**1 915**	**1 347**	**1 015**

资料来源:公安部

SOURCE: MINISTRY OF PUBLIC SECURITY

入境外国人数(按国籍分)
ARRIVALS BY NATIONALITY 1997

单　位:人
UNIT:PERSON

七　月 JULY	八　月 AUG.	九　月 SEP.	十　月 OCT.	十一月 NOV.	十二月 DEC.	合　计 TOTAL	占总数比重(%) P.C. TOTAL	比上年增长(%) GROWTH (%)
608 856	**694 419**	**696 108**	**756 545**	**648 063**	**559 884**	**7 428 006**	**100.0**	**10.1**
130 816	152 156	143 063	153 251	151 160	117 502	1 581 747	21.3	2.1
85 271	104 718	66 195	69 539	60 337	43 341	781 119	10.5	12.6
30 824	29 665	32 124	35 361	30 931	35 968	342 881	4.6	21.6
14 979	12 179	13 807	13 811	9 497	8 768	147 328	2.0	6.9
18 734	28 074	40 986	31 013	25 475	25 661	361 308	4.9	21.1
21 181	21 829	23 085	26 342	22 779	22 313	276 656	3.7	13.5
18 055	20 409	33 692	29 818	29 424	35 008	316 825	4.3	10.7
11 315	10 118	9 908	15 909	9 954	9 946	168 508	2.3	-12.8
33 563	38 293	43 044	41 530	41 311	36 487	434 720	5.9	14.1
364 738	**417 441**	**405 904**	**416 574**	**380 868**	**334 994**	**4 411 092**	**59.4**	**8.5**
17 282	19 494	19 633	24 638	19 911	15 245	227 907	3.1	11.1
10 625	12 458	11 714	13 634	10 592	8 567	131 286	1.8	6.5
12 834	14 749	16 049	19 060	17 265	11 209	184 712	2.5	3.2
5 088	7 123	5 525	7 280	6 363	3 823	65 139	0.9	4.9
2 725	2 154	3 229	2 886	2 262	1 655	30 257	0.4	-9.4
2 554	2 274	3 209	4 878	3 389	2 719	38 506	0.5	12.5
5 262	4 591	5 863	6 382	3 965	3 220	52 257	0.7	26.6
78 582	96 115	75 934	100 320	75 113	68 610	813 681	11.0	46.4
26 020	27 053	49 093	36 495	30 361	22 782	345 128	4.6	-13.4
160 972	**186 011**	**190 249**	**215 573**	**169 221**	**137 830**	**1 888 873**	**25.4**	**15.7**
46 663	48 631	53 374	69 397	52 322	42 651	616 438	8.3	6.9
12 915	13 790	14 155	19 028	16 113	15 040	174 092	2.3	11.2
5 565	6 741	7 401	8 163	6 256	4 722	76 636	1.0	0.6
65 143	**69 162**	**74 930**	**96 588**	**74 691**	**62 413**	**867 166**	**11.7**	**7.2**
10 713	13 164	15 563	16 423	14 762	16 006	156 840	2.1	18.2
2 085	2 477	2 637	2 712	2 095	2 174	28 296	0.4	-6.1
529	699	624	924	556	638	8 305	0.1	-21.7
13 327	**16 340**	**18 824**	**20 059**	**17 413**	**18 818**	**193 441**	**2.6**	**11.5**
3 210	**4 082**	**4 537**	**5 840**	**3 991**	**4 289**	**49 134**	**0.7**	**4.1**
1 466	**1 383**	**1 664**	**1 911**	**1 879**	**1 540**	**18 300**	**0.2**	**11.6**

1-5 1997 年各月来华旅游入境人数(按入境方式分)

MONTHLY VISITOR ARRIVALS BY MODE OF TRANSPORT 1997

单 位:人

UNIT:PERSON

月 份 MONTH	总 计 TOTAL	船 舶 SEA	飞 机 AIR	火 车 RAIL	汽 车 MOTOR	徒 步 FOOT
全 年 WHOLE YEAR	**57 587 923**	**4 578 448**	**5 855 859**	**897 983**	**8 766 648**	**37 488 985**
一 月 JAN.	4 103 046	295 881	341 684	55 091	606 805	2 803 585
二 月 FEB.	4 111 475	376 721	413 361	71 587	482 371	2 767 435
三 月 MAR.	4 779 418	385 225	506 303	78 174	721 514	3 088 202
四 月 APR.	4 703 581	382 851	522 822	89 473	723 885	2 984 550
五 月 MAY	4 534 540	324 665	517 475	66 759	655 365	2 970 276
六 月 JUNE	4 467 858	333 297	459 416	66 553	679 412	2 929 180
七 月 JULY	4 870 899	367 503	521 064	81 830	751 483	3 149 019
八 月 AUG.	5 257 054	392 510	559 013	82 617	865 709	3 357 205
九 月 SEP.	5 008 153	331 909	560 012	73 327	777 391	3 265 514
十 月 OCT.	5 188 541	380 285	582 544	85 050	816 445	3 324 217
十一月 NOV.	5 338 380	664 958	477 197	69 805	781 336	3 345 084
十二月 DEC.	5 224 978	342 643	394 968	77 717	904 932	3 504 718

资料来源:公安部

SOURCE: MINISTRY OF PUBLIC SECURITY

1-6 1993—1997年来华旅游外国人数(按国籍分)
ANNUAL FOREIGN VISITOR ARRIVALS BY NATIONALITY 1993-1997

单　位:人

UNIT:PERSON

国　籍 NATIONALITY	1993年 1993	1994年 1994	1995年 1995	1996年 1996	1997年 1997
总　计 TOTAL	**4 655 857**	**5 182 060**	**5 886 716**	**6 744 334**	**7 428 006**
日　本 JAPAN	912 033	1 141 225	1 305 190	1 548 843	1 581 747
韩　国 KOREA	189 868	340 312	529 467	693 944	781 119
蒙　古 MONGOLIA	230 528	301 200	261 940	281 907	342 881
印度尼西亚 NDONESIA	110 478	120 406	132 807	137 767	147 328
马来西亚 MALAYSIA	168 464	208 653	251 758	298 451	361 308
菲律宾 PHILIPPINES	146 725	184 921	219 722	243 727	276 656
新加坡 SINGAPORE	200 901	231 879	261 467	286 316	316 825
泰　国 THAILAND	152 323	163 672	173 342	193 287	168 508
其　它 OTHERS	221 775	351 746	382 662	380 894	434 720
亚　洲 ASIA	**2 333 095**	**3 044 014**	**3 518 355**	**4 065 136**	**4 411 092**
英　国 UNITED KINGDOM	153 881	166 972	184 912	205 197	227 907
法　国 FRANCE	114 955	111 796	118 494	123 291	131 286
德　国 GERMANY	138 829	148 825	166 528	178 982	184 712
意大利 ITALY	48 791	55 545	63 721	62 104	65 139
瑞　士 SWITZERLAND	26 275	28 131	34 265	33 397	30 257
瑞　典 SWEDEN	23 396	30 420	35 206	34 237	38 506
荷　兰 NETHERLANDS	24 663	30 149	34 948	41 287	52 257
俄罗斯 RUSSIA	91 017	399 849	489 329	555 897	813 681
其　它 OTHERS	970 239	350 544	327 491	398 556	345 128
欧　洲 EUROPE	**1 592 046**	**1 322 231**	**1 454 894**	**1 632 948**	**1 888 873**
美　国 U.S.A.	399 734	469 849	514 850	576 416	616 438
加拿大 CANADA	105 046	113 169	128 762	156 613	174 092
其　它 OTHERS	59 307	50 093	53 643	76 156	76 636
美　洲 AMERICA	**564 087**	**633 111**	**697 255**	**809 185**	**867 166**
澳大利亚 AUSTRALIA	99 314	109 538	129 368	132 683	156 840
新西兰 NEW ZEALAND	18 953	20 413	22 883	30 150	28 296
其　它 OTHERS	8 692	5 705	6 283	10 613	8 305
大洋洲 OCEANIA	**126 959**	**135 656**	**158 534**	**173 446**	**193 441**
非　洲 AFRICA	**27 675**	**30 027**	**40 805**	**47 218**	**49 134**
其　它 OTHERS	**11 995**	**17 021**	**16 873**	**16 401**	**18 300**

资料来源:公安部

SOURCE: MINISTRY OF PUBLIC SECURITY

二、来华旅游者主要特征

2. MAJOR PROFILE OF INTERNATIONAL VISITORS

2-1 1996—1997年来华旅游外国人数（按年龄、性别、职业和入境方式分）
FOREIGN VISITOR ARRIVALS BY AGE, SEX, OCCUPATION & MODE OF TRANSPORT 1996-1997

单　位：人
UNIT: PERSON

项　目 ITEM		1997年 1997	占总人数比重 (%) P.C. TOTAL	1996年 1996	占总人数比重 (%) P.C. TOTAL
总　计	**TOTAL**	**7 428 006**	**100.0**	**6 744 334**	**100.0**
16岁以下	UNDER 16	251 287	3.4	244 819	3.6
17-30岁	17-30	1 554 766	20.9	1 521 666	22.6
31-50岁	31-50	3 302 603	44.5	3 133 675	46.5
51岁以上	OVER 51	2 319 350	31.2	1 844 174	27.3
男	MALE	5 013 910	67.5	4 627 486	68.6
女	FEMALE	2 414 096	32.5	2 116 848	31.4
专业技术人员	TECHNICIAN	599 477	8.1	484 342	7.2
行政管理人员	OFFICIAL	450 360	6.1	454 221	6.7
办事员	CLERK	508 044	6.8	439 206	6.5
商人	BUSINESS MAN	1 314 464	17.7	1 178 746	17.5
服务人员	SERVER	499 269	6.7	436 011	6.5
农民	FARMER	39 265	0.5	61 457	0.9
工人	WORKER	480 486	6.5	517 469	7.7
其他专业人员	OTHERS	2 287 228	30.8	1 812 645	26.9
无职业人员	FREEMAN	1 249 413	16.8	1 360 237	20.2
船舶	SEA	1 156 070	15.6	1 048 314	15.5
飞机	AIR	3 909 976	52.6	3 584 443	53.1
火车	RAIL	387 330	5.2	400 312	5.9
汽车	MOTOR	1 031 085	13.9	859 895	12.7
徒步	FOOT	943 545	12.7	851 370	12.6

资料来源：公安部
SOURCE: MINISTRY OF PUBLIC SECURITY

2-2 1997年各月来华旅游

MONTHLY FOREIGN VISITOR

月　　份 MONTH	合　计 TOTAL	专业技术人员 TECHNI-CIAN	行政管理人员 OFFI-CIAL	办事员 CLERK
全　年 **WHOLE YEAR**	**7 428 006**	**599 477**	**450 360**	**508 044**
一　月 JAN.	499 714	37 196	24 889	30 687
二　月 FEB.	470 636	33 889	22 288	28 937
三　月 MAR.	628 258	44 239	34 709	40 847
四　月 APR.	642 659	55 713	38 279	51 866
五　月 MAY	633 821	55 644	42 476	53 425
六　月 JUNE	589 043	50 675	42 116	47 795
七　月 JULY	608 856	53 705	37 957	39 731
八　月 AUG.	694 419	52 812	40 948	43 174
九　月 SEP.	696 108	57 664	41 159	43 700
十　月 OCT.	756 545	58 791	51 060	47 212
十一月 NOV.	648 063	52 604	41 484	44 182
十二月 DEC.	559 884	46 545	32 995	36 488

资料来源:公安部

SOURCE: MINISTRY OF PUBLIC SECURITY

外国人数(按职业分)
ARRIVALS BY OCCUPATION 1997

单　位:人
UNIT:PERSON

商　人 BUSINESS-MAN	服务人员 SERVER	农　民 FARMER	工　人 WORKER	其他职业人员 OTHERS	无职业人　员 FREEMAN
1 314 464	**499 269**	**39 265**	**480 486**	**2 287 228**	**1 249 413**
85 044	33 404	4 161	39 511	154 589	90 233
70 751	32 964	3 938	34 287	161 478	82 104
104 362	40 981	3 176	37 988	186 609	135 347
117 082	37 773	2 617	39 794	185 735	113 800
105 089	44 832	2 472	39 519	187 448	102 916
112 505	38 300	2 549	37 529	172 687	84 887
119 478	44 114	1 937	49 728	166 256	95 950
119 535	44 145	2 351	39 968	221 715	129 771
132 342	45 671	6 370	40 791	204 831	123 580
150 113	48 669	3 406	41 461	229 243	126 590
105 767	44 477	3 819	41 206	217 126	97 398
92 396	43 939	2 469	38 704	199 511	66 837

2-3 1997年各月来华旅游外国人数（按年龄和性别分）

MONTHLY FOREIGN VISITOR ARRIVALS BY AGE & SEX 1997

单 位:人

UNIT:PERSON

月 份 MONTH	合 计 TOTAL	年 龄 AGE				性 别 SEX	
		16岁以下 UNDER 16	17-30岁 17-30	31-50岁 31-50	51岁以上 OVER 51	男 MALE	女 FEMALE
全 年 WHOLE YEAR	**7 428 006**	**251 287**	**1 554 766**	**3 302 603**	**2 319 350**	**5 013 910**	**2 414 096**
一 月 JAN.	499 714	15 752	104 931	230 459	148 572	358 767	140 947
二 月 FEB.	470 636	18 545	108 482	198 594	145 015	315 661	154 975
三 月 MAR.	628 258	21 805	120 906	267 756	217 791	420 849	207 409
四 月 APR.	642 659	16 810	123 999	282 061	219 789	436 983	205 676
五 月 MAY	633 821	15 622	122 006	277 961	218 232	426 007	207 814
六 月 JUNE	589 043	20 456	128 052	266 876	173 659	398 934	190 109
七 月 JULY	608 856	27 838	142 840	277 065	161 113	409 241	199 615
八 月 AUG.	694 419	37 686	152 928	301 072	202 733	455 058	239 361
九 月 SEP.	696 108	16 223	149 286	303 920	226 679	463 504	232 604
十 月 OCT.	756 545	17 688	142 704	344 834	251 319	511 447	245 098
十一月 NOV.	648 063	19 113	135 745	295 119	198 086	444 705	203 358
十二月 DEC.	559 884	23 749	122 887	256 886	156 362	372 754	187 130

资料来源:公安部

SOURCE: MINISTRY OF PUBLIC SECURITY

2-4 1997年各月来华旅游外国人数(按入境方式分)
MONTHLY FOREIGN VISITOR ARRIVALS BY MODE OF TRANSPORT 1997

单 位:人
UNIT:PERSON

月 份 MONTH	总 计 TOTAL	船 舶 SEA	飞 机 AIR	火 车 RAIL	汽 车 MOTOR	徒 步 FOOT
全 年 WHOLE YEAR	**7 428 006**	**1 156 070**	**3 909 976**	**387 330**	**1 031 085**	**943 545**
一 月 JAN.	499 714	82 313	225 307	26 864	78 870	86 360
二 月 FEB.	470 636	68 300	243 151	22 317	59 275	77 593
三 月 MAR.	628 258	87 895	338 563	31 451	84 441	85 908
四 月 APR.	642 659	87 076	346 511	38 798	84 687	85 587
五 月 MAY	633 821	94 518	351 992	29 193	73 980	84 138
六 月 JUNE	589 043	98 345	317 612	28 597	86 259	58 230
七 月 JULY	608 856	110 603	335 248	31 221	85 147	46 637
八 月 AUG.	694 419	112 705	376 824	33 558	91 446	79 886
九 月 SEP.	696 108	116 092	376 260	33 032	92 660	78 064
十 月 OCT.	756 545	123 910	399 291	42 795	100 562	89 987
十一月 NOV.	648 063	92 444	341 506	34 483	93 235	86 395
十二月 DEC.	559 884	81 869	257 711	35 021	100 523	84 760

资料来源:公安部
SOURCE: MINISTRY OF PUBLIC SECURITY

2-5 1997年来华旅游
FOREIGN VISITOR ARRIVALS

国籍 NATIONALITY		合计 TOTAL	专业技术人员 TECHNICIAN	行政管理人员 OFFICIAL	办事员 CLERK
总计	**TOTAL**	**7 428 006**	**599 477**	**450 360**	**508 044**
日本	JAPAN	1 581 747	96 078	88 732	170 717
韩国	KOREA	781 119	43 862	25 637	48 333
蒙古	MONGOLIA	342 881	21 629	19 577	24 489
印度尼西亚	INDONESIA	147 328	6 443	4 069	11 290
马来西亚	MALAYSIA	361 308	23 875	21 029	26 679
菲律宾	PHILIPPINES	276 656	17 450	4 699	6 480
新加坡	SINGAPORE	316 825	35 187	24 321	20 416
泰国	THAILAND	168 508	13 723	5 968	12 198
其它	OTHERS	434 720	40 723	17 544	21 598
亚洲	**ASIA**	**4 411 092**	**298 970**	**211 576**	**342 200**
英国	UNITED KINGDOM	227 907	36 433	28 048	16 937
法国	FRANCE	131 286	16 210	13 815	9 899
德国	GERMANY	184 712	25 751	20 949	12 772
意大利	ITALY	65 139	7 685	8 777	4 633
瑞士	SWITZERLAND	30 257	5 491	3 064	1 881
瑞典	SWEDEN	38 506	3 525	5 265	2 806
荷兰	NETHERLANDS	52 257	5 582	5 108	4 818
俄罗斯	RUSSIA	813 681	14 361	11 120	15 624
其它	OTHERS	345 128	34 212	26 611	17 417
欧洲	**EUROPE**	**1 888 873**	**149 250**	**122 757**	**86 787**
美国	U.S.A.	616 438	92 681	72 630	38 654
加拿大	CANADA	174 092	20 574	18 608	14 947
其它	OTHERS	76 636	5 143	4 563	5 929
美洲	**AMERICA**	**867 166**	**118 398**	**95 801**	**59 530**
澳大利亚	AUSTRALIA	156 840	22 378	13 815	10 947
新西兰	NEW ZEALAND	28 296	3 674	2 151	1 701
其它	OTHERS	8 305	382	276	599
大洋洲	**OCEANIA**	**193 441**	**26 434**	**16 242**	**13 247**
非洲	**AFRICA**	**49 134**	**2 789**	**2 969**	**5 439**
其它	**OTHERS**	**18 300**	**3 636**	**1 015**	**841**

资料来源:公安部

SOURCE: MINISTRY OF PUBLIC SECURITY

外国人数(按国籍和职业分)

BY NATIONALITY & OCCUPATION 1997

单　位:人
UNIT:PERSON

商　人 BUSINESSMAN	服务人员 SERVER	农　民 FARMER	工　人 WORKER	其他职业人员 OTHERS	无职业人　员 FREEMAN
1 314 464	**499 269**	**39 265**	**480 486**	**2 287 228**	**1 249 413**
263 386	80 242	4 248	23 717	612 301	242 326
136 014	33 610	6 391	57 871	301 539	127 862
75 805	24 236	5 040	12 325	42 083	117 697
24 720	7 549	2 049	17 191	54 427	19 590
50 025	28 655	1 046	4 215	133 439	72 345
14 821	56 231	5 215	105 302	59 724	6 734
52 249	23 703	375	2 509	110 815	47 250
27 752	16 683	634	4 437	59 072	28 041
57 248	38 479	2 341	114 278	110 079	32 430
702 020	**309 388**	**27 339**	**341 845**	**1 483 479**	**694 275**
31 275	13 467	369	3 077	52 200	46 101
16 400	6 727	375	1 136	27 795	38 929
20 787	8 166	320	4 084	34 147	57 736
8 511	2 617	78	832	10 065	21 941
3 018	1 344	48	220	5 194	9 997
3 591	3 628	67	538	6 432	12 654
7 233	2 824	101	1 575	9 697	15 319
315 949	66 401	2 089	68 479	279 240	40 418
26 095	18 305	4 634	37 490	58 242	122 122
432 859	**123 479**	**8 081**	**117 431**	**483 012**	**365 217**
86 476	39 278	1 814	8 378	164 762	111 765
30 460	9 044	875	2 077	49 630	27 877
17 275	3 778	319	3 717	24 396	11 516
134 211	**52 100**	**3 008**	**14 172**	**238 788**	**151 158**
26 065	9 738	437	2 127	52 280	19 053
5 690	1 133	251	346	10 055	3 295
2 573	327	14	651	2 758	725
34 328	**11 198**	**702**	**3 124**	**65 093**	**23 073**
9 643	**2 555**	**124**	**2 427**	**11 982**	**11 206**
1 403	**549**	**11**	**1 487**	**4 874**	**4 484**

2-6 1997 年来华旅游
FOREIGN VISITOR ARRIVALS

国籍	NATIONALITY	合计 TOTAL	年龄 16岁以下 UNDER 16	17-30岁 17-30
总计	**TOTAL**	**7 428 006**	**251 287**	**1 554 766**
日本	JAPAN	1 581 747	46 596	273 810
韩国	KOREA	781 119	24 654	139 229
蒙古	MONGOLIA	342 881	4 216	136 696
印度尼西亚	INDONESIA	147 328	6 540	28 809
马来西亚	MALAYSIA	361 308	14 185	65 205
菲律宾	PHILIPPINES	276 656	3 485	89 965
新加坡	SINGAPORE	316 825	18 449	50 475
泰国	THAILAND	168 508	7 309	35 815
其它	OTHERS	434 720	6 386	106 830
亚洲	**ASIA**	**4 411 092**	**131 820**	**926 834**
英国	UNITED KINGDOM	227 907	8 261	39 300
法国	FRANCE	131 286	5 884	24 143
德国	GERMANY	184 712	5 118	30 316
意大利	ITALY	65 139	1 275	11 553
瑞士	SWITZERLAND	30 257	941	5 864
瑞典	SWEDEN	38 506	1 612	6 880
荷兰	NETHERLANDS	52 257	1 857	8 601
俄罗斯	RUSSIA	813 681	18 475	255 606
其它	OTHERS	345 128	8 848	82 945
欧洲	**EUROPE**	**1 888 873**	**52 271**	**465 208**
美国	U.S.A.	616 438	36 596	81 606
加拿大	CANADA	174 092	11 832	22 619
其它	OTHERS	76 636	3 244	12 966
美洲	**AMERICA**	**867 166**	**51 672**	**117 191**
澳大利亚	AUSTRALIA	156 840	11 352	22 453
新西兰	NEW ZEALAND	28 296	1 549	5 403
其它	OTHERS	8 305	237	1 330
大洋洲	**OCEANIA**	**193 441**	**13 138**	**29 186**
非洲	**AFRICA**	**49 134**	**1 321**	**11 583**
其它	**OTHERS**	**18 300**	**1 065**	**4 764**

资料来源:公安部

SOURCE: MINISTRY OF PUBLIC SECURITY

外国人数(按国籍、年龄和性别分)

BY NATIONALITY, AGE & SEX 1997

单　位:人

UNIT: PERSON

AGE		性　别　SEX	
31－50 岁 31－50	51 岁以上 OVER 51	男 MALE	女 FEMALE
3 302 603	**2 319 350**	**5 013 910**	**2 414 096**
607 739	653 602	1 192 372	389 375
391 500	225 736	584 843	196 276
162 717	39 252	187 197	155 684
55 883	56 096	89 180	58 148
134 279	147 639	202 128	159 180
126 755	56 451	208 863	67 793
136 419	111 482	193 824	123 001
67 266	58 118	89 107	79 401
234 187	87 317	346 899	87 821
1 916 745	**1 435 693**	**3 094 413**	**1 316 679**
95 467	84 879	162 590	65 317
54 555	46 704	87 159	44 127
79 884	69 394	130 310	54 402
30 996	21 315	47 793	17 346
13 184	10 268	19 790	10 467
15 573	14 441	26 827	11 679
22 317	19 482	37 012	15 245
446 526	93 074	406 488	407 193
175 674	77 661	237 856	107 272
934 176	**437 218**	**1 155 825**	**733 048**
246 513	251 723	411 278	205 160
69 949	69 692	119 285	54 807
29 416	31 010	52 394	24 242
345 878	**352 425**	**582 957**	**284 209**
65 969	57 066	104 571	52 269
11 990	9 354	19 212	9 084
2 927	3 811	5 937	2 368
80 886	**70 231**	**129 720**	**63 721**
16 044	**20 186**	**38 087**	**11 047**
8 874	**3 597**	**12 908**	**5 392**

2-7 1997年来华旅游外国人数(按国籍和入境方式分)

FOREIGN VISITOR ARRIVALS BY NATIONALITY & MODE OF TRANSPORT 1997

单 位:人

UNIT:PERSON

国籍 NATIONALITY	总计 TOTAL	船舶 SEA	飞机 AIR	火车 RAIL	汽车 MOTOR	徒步 FOOT
总计 TOTAL	**7 428 006**	**1 156 070**	**3 909 976**	**387 330**	**1 031 085**	**943 545**
日本 JAPAN	1 581 747	156 546	1 147 365	20 572	77 795	179 469
韩国 KOREA	781 119	162 480	515 484	3 960	16 443	82 752
蒙古 MONGOLIA	342 881	1 080	19 994	59 127	261 480	1 200
印度尼西亚 INDONESIA	147 328	29 398	67 208	4 855	12 064	33 803
马来西亚 MALAYSIA	361 308	21 884	245 598	4 019	16 385	73 422
菲律宾 PHILIPPINES	276 656	191 187	35 134	2 554	8 859	38 922
新加坡 SINGAPORE	316 825	16 568	236 348	4 721	12 708	46 480
泰国 THAILAND	168 508	9 001	126 656	1 244	6 020	25 587
其它 OTHERS	434 720	87 415	121 148	41 062	131 335	53 760
亚洲 ASIA	**4 411 092**	**675 559**	**2 514 935**	**142 114**	**543 089**	**535 395**
英国 UNITED KINGDOM	227 907	37 403	117 521	10 689	16 818	45 476
法国 FRANCE	131 286	8 557	90 789	4 941	6 389	20 610
德国 GERMANY	184 712	19 144	132 813	7 720	6 873	18 162
意大利 ITALY	65 139	5 280	48 365	2 042	2 527	6 925
瑞士 SWITZERLAND	30 257	2 458	22 959	1 557	1 139	2 144
瑞典 SWEDEN	38 506	4 165	27 739	2 100	1 311	3 191
荷兰 NETHERLANDS	52 257	4 664	32 800	2 747	3 362	8 684
俄罗斯 RUSSIA	813 681	189 320	117 277	141 429	359 314	6 341
其它 OTHERS	345 128	52 951	212 624	21 319	12 774	45 460
欧洲 EUROPE	**1 888 873**	**323 942**	**802 887**	**194 544**	**410 507**	**156 993**
美国 U.S.A.	616 438	81 642	368 324	25 308	38 055	103 109
加拿大 CANADA	174 092	25 668	71 411	10 050	16 691	50 272
其它 OTHERS	76 636	12 438	25 908	3 321	4 676	30 293
美洲 AMERICA	**867 166**	**119 748**	**465 643**	**38 679**	**59 422**	**183 674**
澳大利亚 AUSTRALIA	156 840	20 117	83 968	7 242	10 257	35 256
新西兰 NEW ZEALAND	28 296	3 600	10 682	1 906	2 471	9 637
其它 OTHERS	8 305	1 415	1 605	249	503	4 533
大洋洲 OCEANIA	**193 441**	**25 132**	**96 255**	**9 397**	**13 231**	**49 426**
非洲 AFRICA	**49 134**	**6 431**	**20 543**	**2 205**	**2 505**	**17 450**
其它 OTHERS	**18 300**	**5 258**	**9 713**	**391**	**2 331**	**607**

资料来源:公安部

SOURCE: MINISTRY OF PUBLIC SECURITY

三、国际旅游外汇收入

3. INTERNATIONAL TOURISM RECEIPTS

3-1 1978-1997年国际旅游外汇收入
INTERNATIONAL TOURISM RECEIPTS 1978-1997

年 份 YEAR	外汇收入 (百万美元) RECEIPTS (Mn. US$)	发展指数 (以1978年为100) INDICES (1978=100)	每年增长百分比 (%) GROWTH (%)
1978	262.90	100.00	-
1979	449.27	170.90	70.90
1980	616.65	234.60	37.30
1981	784.91	298.60	27.30
1982	843.17	320.70	7.40
1983	941.20	358.00	11.60
1984	1 131.34	430.30	20.20
1985	1 250.00	475.50	10.50
1986	1 530.85	582.30	22.50
1987	1 861.51	708.10	21.60
1988	2 246.83	854.60	20.70
1989	1 860.48	707.70	-17.20
1990	2 217.58	843.50	19.20
1991	2 844.97	1 082.10	28.30
1992	3 946.87	1 501.30	38.70
1993	4 683.17	1 781.40	18.70
1994	7 322.81	2 785.40	*
1995	8 732.77	3 321.70	19.25
1996	10 200.46	3 879.98	16.81
1997	12 074.14	4 592.67	18.37

注：* 由于国家外汇管理体制变化，1994年国际旅游外汇收入统计方法也做了相应的改革，采用了与国际接轨的办法，与往年不能作简单对比。

NOTE: * BECAUSE OF THE REFORM IN THE FOREIGN CURRENCY CONTROL SYSTEM, THE METHOD OF CALCULATING TOURISM RECEIPTS IN 1994 HAS ALSO BEEN ADJUSTED AND THE INTERNATIONAL STANDARD IS ADOPTED. IT IS NOT PROPER TO MAKE SIMPLE COMPARISON WITH THE FIGURES OF PREVIOUS YEARS.

3-2 1997年国际旅游外汇收入构成
BREAKDOWN OF INTERNATIONAL TOURISM RECEIPTS 1997

单　位：百万美元
UNIT: Mn. US $

	收入总额 RECEIPTS	占总收入比重(%) P.C.TOTAL
总　计　TOTAL	**12 074.14**	**100.0**
一、长途交通 LONG-DISTANCE TRANSPORTATION	3 030.16	25.1
1.民　航　AIR	2 129.56	17.7
2.铁　路　RAIL	304.33	2.5
3.汽　车　MOTOR	270.18	2.2
4.轮　船　SEA	326.09	2.7
二、游　览　SIGHTSEEING	665.46	5.5
三、住　宿　ACCOMMODATION	1 837.76	15.2
四、餐　饮　FOOD & BEVERAGE	1 586.63	13.2
五、商品销售　SHOPPING	2 437.70	20.2
六、娱　乐　ENTERTAINMENT	704.69	5.8
七、邮电通讯　COMMUNICATION	473.52	3.9
八、市内交通　LOCAL TRASPORTATION	446.56	3.7
九、其他服务　OTHERS	891.66	7.4

3-3 1997年各月国际旅游外汇收入
MONTHLY OF INTERNATIONAL TOURISM RECEIPTS 1997

单　位：百万美元
UNIT: Mn. US$

月份 MONTH	总计 TOTAL	外国人 FOREIGNERS	华侨 OVERSEAS CHINESE	港澳同胞 HONG KONG & MACAU	台湾同胞 TAIWAN PROVINCE
全年 WHOLE YEAR	**12 074.14**	**5 038.14**	**85.64**	**4 827.38**	**2 122.98**
一月 JAN.	828.72	332.97	7.30	346.77	141.68
二月 FEB.	854.36	315.77	6.03	356.37	176.19
三月 MAR.	1 016.57	430.45	9.57	397.37	179.18
四月 APR.	1 043.50	438.15	8.79	385.36	211.20
五月 MAY	1 003.01	431.16	7.61	370.96	193.28
六月 JUNE	944.70	396.44	5.33	374.68	168.25
七月 JULY	1 004.37	410.74	6.94	410.00	176.69
八月 AUG.	1 071.90	476.64	4.88	441.59	148.79
九月 SEP.	1 096.88	473.68	7.47	410.75	204.98
十月 OCT.	1 156.53	520.26	7.76	423.20	205.31
十一月 NOV.	1 061.47	438.19	7.16	458.30	157.82
十二月 DEC.	992.13	373.69	6.80	452.03	159.61

3-4 1996-1997年各地区国际旅游外汇收入

INTERNATIONAL TOURISM RECEIPTS BY LOCALITY 1996-1997

单 位:万美元

UNIT: 0000US$

地 区 LOCALITY	1997年 1997	按收入高低排列名次 POSITION	1996年 1996	按收入高低排列名次 POSITION	1997年比1996年增长(%) GROWTH(%)
北 京 BEIJING	224 760	2	225 200	2	-0.2
天 津 TIANJIN	18 009	11	15 191	13	18.6
河 北 HEBEI	9 725	19	7 356	19	32.2
山 西 SHANXI	3 748	27	2 667	27	40.5
内蒙古 INNERMONGOLIA	10 070	15	9 350	16	14.4
辽 宁 LIAONING	25 953	8	22 388	7	15.9
吉 林 JILIN	5 935	24	5 310	22	11.8
黑龙江 HEILONGJIANG	10 452	17	7 837	18	33.4
上 海 SHANGHAI	131 698	3	117 060	3	12.5
江 苏 JIANGSU	40 828	5	31 705	5	28.8
浙 江 ZHEJIANG	34 492	6	29 184	6	18.2
安 徽 ANHUI	6 424	23	4 200	23	53.0
福 建 FUJIAN	61 373	4	55 486	4	10.6
江 西 JIANGXI	4 457	25	3 398	25	31.2
山 东 SHANDONG	20 376	10	19 649	10	3.7
河 南 HENAN	9 500	20	7 290	20	30.3
湖 北 HUBEI	16 978	13	12 546	14	35.3
湖 南 HUNAN	14 004	14	10 075	15	39.0
广 东 GUANGDONG	280 055	1	263 800	1	6.2
广 西 GUANGXI	17 839	12	15 387	12	15.9
海 南 HAINAN	10 207	18	8 542	17	19.5
重 庆 CHONGQING	10 548	16	-	-	-
四 川 SICHUAN	7 895	21	16 225	11	-
贵 州 GUIZHOU	4 429	26	3 812	24	16.2
云 南 YUNNAN	26 391	7	22 111	8	19.4
西 藏 TIBET	3 172	28	2 955	26	7.3
陕 西 SHAANXI	22 464	9	19 820	9	13.3
甘 肃 GANSU	2 849	29	1 938	28	47.0
青 海 QINGHAI	268	30	205	29	30.7
宁 夏 NINGXIA	133	31	114	30	16.7
新 疆 XINJIANG	7 111	22	6 820	21	4.3

3-5 1996—1997年主要城市国际旅游外汇收入
INTERNATIONAL TOURISM RECEIPTS BY MAJOR CITIES 1996－1997

单　位:万美元
UNIT: 0000US $

城市名称 NAME OF CITY	1997年 1997	1996年 1996	增长(%) GROWTH(%)
北　京 BEIJING	224 760	225 200	-0.2
天　津 TIANJIN	18 009	15 191	18.6
石家庄 SHIJIAZHUANG	2 169	2 146	1.1
秦皇岛 QINHUANGDAO	3 739	1 794	108.4
承　德 CHENGDE	1 846	1 684	9.6
太　原 TAIYUAN	1 264	804	57.2
大　同 DATONG	948	885	7.1
呼和浩特 HOHHOT	606	421	43.9
沈　阳 SHENYANG	7 055	4 585	53.9
大　连 DALIAN	17 002	16 001	6.3
长　春 CHANGCHUN	1 544	1 501	2.9
吉　林 JILIN	625	817	-23.5
延　边 YANBIAN	2 762	2 634	4.9
哈尔滨 HARBIN	3 419	3 074	11.2
上　海 SHANGHAI	131 698	117 060	12.5
南　京 NANJING	12 061	9 178	31.4
无　锡 WUXI	6 537	5 434	20.3
苏　州 SUZHOU	10 504	9 187	14.3
南　通 NANTONG	4 547	1 813	150.8
连云港 LIANYUNGANG	387	353	9.6
杭　州 HANGZHOU	20 078	16 739	19.9
宁　波 NINGBO	3 432	2 900	18.3
温　州 WENZHOU	1 993	1 900	4.9
合　肥 HEFEI	1 192	987	20.8
黄　山 HUANGSHAN	3 141	1 938	62.1
福　州 FUZHOU	6 655	6 908	-3.7
厦　门 XIAMEN	24 149	22 160	9.0
泉　州 QUANZHOU	20 735	11 183	85.4

3－5 续表

城市名称 NAME OF CITY		1997 年 1997	1996 年 1996	增长(%) GROWTH (%)
漳　州	ZHANGZHOU	3 288	2 154	52.6
南　昌	NANCHANG	1 478	1 168	26.5
九　江	JIUJIANG	801	696	15.1
济　南	JINAN	2 870	2 263	26.8
青　岛	QINGDAO	9 803	7 557	29.7
烟　台	YANTAI	3 152	4 550	－30.7
威　海	WEIHAI	1 627	3 390	－52.0
郑　州	ZHENGZHOU	3 009	4 344	－30.7
洛　阳	LUOYANG	1 627	1 438	13.1
武　汉	WUHAN	11 060	9 018	22.6
长　沙	CHANGSHA	10 000	3 577	179.6
广　州	GUANGZHOU	102 156	93 922	8.8
深　圳	SHENZHEN	93 006	90 598	2.7
珠　海	ZHUHAI	32 907	30 868	6.6
汕　头	SHANTOU	9 914	8 733	13.5
湛　江	ZHANJIANG	910	844	7.8
中　山	ZHONGSHAN	6 721	6 358	5.7
南　宁	NANNING	880	633	39.0
桂　林	GUILIN	14 014	11 844	18.3
北　海	BEIHAI	248	287	－13.6
海　口	HAIKOU	6 000	6 821	－12.0
三　亚	SANYA	2 741	1 107	147.6
重　庆	CHONGQING	10 548	－	－
成　都	CHENGDU	6 206	5 443	14.0
贵　阳	GUIYANG	2 205	2 469	－10.7
昆　明	KUNMING	15 666	11 762	33.2
拉　萨	LHASA	2 300	2 240	2.7
西　安	XI'AN	20 092	18 000	11.6
兰　州	LANZHOU	1 174	809	45.1
西　宁	XINING	210	176	19.3
银　川	YINCHUAN	101	90	12.2
乌鲁木齐	URUMQI	3 350	1 881	78.1

3-6 1997年海外旅游者人均天消费情况
THE AVERAGE DAILY PER CAPITA EXPENDITURE BY INTERNATIONAL TOURISTS 1997

单 位:美元/人天
UNIT: US$/DAILY PER CAPITA

地 区 LOCALITY	消 费 EXPEN-DITURE	外国人 FOREIGN-ERS	华 侨 OVERSEAS CHINESE	港澳同胞 HONGKONG & MACAU	台湾同胞 TAIWAN PROVINCE
全 国 AVERAGE TOTAL	**135.11**	**143.29**	**154.34**	**118.76**	**133.57**
北 京 BEIJING	207.59	207.63	209.61	196.00	224.76
天 津 TIANJIN	180.70	180.19	196.79	187.17	173.71
河 北 HEBEI	124.92	124.27	121.31	118.42	143.36
山 西 SHANXI	142.62	144.55	142.82	142.30	135.43
内蒙古 INNERMONGOLIA	157.62	157.57	180.00	126.75	180.00
辽 宁 LIAONING	178.37	177.64	181.12	183.47	180.07
吉 林 JILIN	163.84	165.05	170.00	166.43	150.65
黑龙江 HEILONGJIANG	153.70	155.56	82.47	137.50	144.13
上 海 SHANGHAI	206.89	204.86	203.80	217.57	218.73
江 苏 JIANGSU	167.89	169.13	164.07	164.72	162.84
浙 江 ZHEJIANG	177.10	177.34	169.81	174.92	178.18
安 徽 ANHUI	151.15	156.52	153.47	169.32	131.25
福 建 FUJIAN	145.09	144.15	147.99	147.07	145.76
江 西 JIANGXI	154.93	167.66	150.98	141.25	134.88
山 东 SHANDONG	176.01	174.38	178.65	182.63	176.54
河 南 HENAN	160.34	163.00	136.69	163.11	144.00
湖 北 HUBEI	168.52	167.49	178.64	171.43	168.18
湖 南 HUNAN	137.38	138.02	144.78	134.12	135.65
广 东 GUANGDONG	127.57	139.76	140.46	101.93	139.43
广 西 GUANGXI	150.38	151.94	150.35	143.74	149.54
海 南 HAINAN	179.46	186.04	177.65	166.58	182.00
重 庆 CHONGQING	140.09	132.60	167.89	153.68	163.47
四 川 SICHUAN	136.70	136.16	138.54	126.05	148.97
贵 州 GUIZHOU	145.27	145.50	150.00	141.52	147.23
云 南 YUNNAN	154.22	148.59	167.82	211.35	186.43
西 藏 TIBET	117.69	112.05	0.00	164.67	243.98
陕 西 SHAANXI	158.93	159.08	165.05	160.98	148.30
甘 肃 GANSU	139.55	140.67	134.68	122.20	145.72
青 海 QINGHAI	128.35	141.21	58.00	75.68	91.19
宁 夏 NINGXIA	115.01	132.22	0.00	63.14	84.78
新 疆 XINJIANG	135.59	135.72	135.96	143.42	126.59

资料来源:1997年"海外旅游者在华花费情况抽样调查"
SOURCE: THE 1997 SAMPLING OF EXPENDITURES BY INTERNATIONAL TOURISTS IN CHINA

3-7 1997年海外旅游者
BREAKDOWN OF THE AVERAGE DAILY PER CAPITA

地　区 LOCALITY	消　费 (美元/人天) EXPENDITURE (US$/DPC)	人均天消费构成(%) 长途交通 LONG-DISTANCE TRANSPORTATION	游　览 SIGHTSEEING	住　宿 ACCOMMO-DATION
总平均 AVERAGE TOTAL	**135.11**	**29.3**	**4.2**	**17.7**
北　京 BEIJING	207.59	34.6	3.2	16.0
天　津 TIANJIN	180.70	41.0	4.6	18.8
河　北 HEBEI	124.92	28.1	2.8	14.8
山　西 SHANXI	142.62	28.6	2.5	12.6
内蒙古 INNERMONGOLIA	157.62	21.7	1.3	8.6
辽　宁 LIAONING	178.37	32.9	3.4	15.1
吉　林 JILIN	163.84	31.1	1.4	10.9
黑龙江 HEILONGJIANG	153.70	24.2	1.2	15.6
上　海 SHANGHAI	206.89	22.8	2.4	17.1
江　苏 JIANGSU	167.89	23.5	2.4	16.9
浙　江 ZHEJIANG	177.10	34.5	2.7	18.4
安　徽 ANHUI	151.15	23.0	3.0	16.9
福　建 FUJIAN	145.09	37.0	2.1	12.7
江　西 JIANGXI	154.93	24.5	1.4	19.3
山　东 SHANDONG	176.01	37.8	3.2	15.6
河　南 HENAN	160.34	32.9	7.2	12.9
湖　北 HUBEI	168.52	29.6	3.4	15.4
湖　南 HUNAN	137.38	30.5	2.9	13.1
广　东 GUANGDONG	127.57	35.3	3.5	14.0
广　西 GUANGXI	150.38	32.2	6.9	13.7
海　南 HAINAN	179.46	31.2	2.0	13.3
重　庆 CHONGQING	140.09	30.6	2.2	15.0
四　川 SICHUAN	136.70	38.4	2.9	15.7
贵　州 GUIZHOU	145.27	26.6	1.9	15.7
云　南 YUNNAN	154.22	42.2	3.0	14.7
西　藏 TIBET	117.69	34.9	1.5	16.7
陕　西 SHAANXI	158.93	26.7	3.5	12.2
甘　肃 GANSU	139.55	26.8	5.9	17.4
青　海 QINGHAI	128.35	32.2	3.2	20.1
宁　夏 NINGXIA	115.01	32.5	3.7	14.7
新　疆 XINJIANG	135.59	22.3	1.2	4.4

资料来源:1997年"海外旅游者在华花费情况抽样调查"

SOURCE: THE 1997 SAMPLING OF EXPENDITURES BY INTERNATIONAL TOURISTS IN CHINA

人均天消费构成
EXPENDITURE BY INTERNATIONAL TOURISTS 1997

BREAKDOWN OF EXPENDITURE （%）

餐　　饮 FOOD & BEVERAGE	购　　物 SHOPPING	娱　　乐 ENTER- TAINMENT	邮电通讯 COMMU- NICATION	市内交通 LOCAL TRAN- SPORTATION	其他服务 OTHERS
11.7	**19.3**	**4.4**	**3.9**	**2.6**	**6.9**
9.5	16.7	1.8	4.2	2.4	11.6
9.0	13.7	3.5	3.3	2.1	4.0
12.1	17.9	1.5	7.9	1.1	13.8
8.7	18.5	6.1	7.7	2.1	13.2
4.6	50.5	2.4	3.7	1.7	5.5
10.1	18.8	5.0	3.2	2.0	9.5
9.0	25.8	5.8	4.0	1.5	10.5
6.4	45.9	1.2	2.1	0.7	2.7
9.7	29.1	3.7	4.1	2.2	8.9
9.5	29.9	2.0	5.6	1.7	8.5
10.0	17.1	3.6	4.9	1.8	7.0
9.3	24.4	7.5	5.3	1.5	9.1
10.0	19.4	4.4	5.2	1.5	7.7
9.3	23.4	7.9	4.1	2.6	7.5
7.8	13.8	4.8	3.8	1.9	11.3
10.3	20.4	2.0	5.6	2.8	5.9
9.1	28.1	1.8	5.7	1.9	5.0
8.6	14.8	5.7	7.1	2.5	14.8
9.8	14.3	5.3	4.2	1.9	11.7
11.3	19.7	1.9	4.2	2.7	7.4
9.4	19.1	4.2	4.5	1.0	15.3
9.5	19.7	6.4	5.0	2.8	8.8
7.3	15.6	4.0	4.9	1.0	10.2
8.2	29.8	2.9	4.7	0.5	9.7
8.5	14.4	2.9	4.0	2.4	7.9
11.5	13.9	2.8	3.6	1.5	13.6
17.5	24.9	1.5	4.1	3.1	6.5
13.9	27.3	1.4	4.0	1.0	2.3
19.6	7.6	0.6	3.1	2.8	10.8
11.2	15.6	1.1	4.8	1.4	15.0
6.4	45.2	0.4	7.1	0.4	12.6

四、旅行社接待情况

4. INTERNATIONAL TOURISTS RECEIVED BY TRAVEL AGENCIES

4-1 1996—1997年全国旅行社接待

TOURISTS RECEIVED BY

	1997年总人数 1997 TOTAL	外国人 FOR-EIGNERS	华侨 OVERSEAS CHINESE	港澳同胞 HONGKONG & MACAU	台湾同胞 TAIWAN PROVINCE
来华旅游入境人数 VISITOR ARRIVALS	**57 587 923**	**7 428 006**	**99 004**	**47 943 337**	**2 117 576**
1.过夜旅游者人数 TOURISTS(OVERNIGHT VISITORS)	23 766 856	6 524 179	99 004	15 029 907	2 113 766
#旅行社外联人数 BY TRAVEL AGENCIES	3 038 255	1 975 782	81 085	710 989	270 399
(1)中国国际旅行社 BY CITS	884 512	801 137	0	64 097	19 278
(2)中国旅行社 BY CTS	669 429	286 171	30 814	278 488	73 956
(3)中国青年旅行社 BY CYTS	342 851	287 206	29 771	6 981	18 893
(4)其他旅行社 BY OTHERS	1 141 463	601 268	20 500	361 423	158 272
2.一日游游客人数 SAME-DAY VISITORS	33 821 067	903 827	0	32 913 430	3 810

资料来源:公安部、国家旅游局

SOURCE:MINISTRY OF PUBLIC SECURITY,
NATIONAL TOURISM ADMINISTRATION

NOTES: * CITS: CHINA INTERNATIONAL TRAVEL SERVICE

** CTS: CHINA TRAVEL SERVICE

*** CYTS:CHINA YOUTH TRAVEL SERVICE

海外旅游者人数
TRAVEL AGENCIES 1996 - 1997

单　位:人
UNIT:PERSON

1996 年总人数 1996 TOTAL	外国人 FOR-EIGNERS	华　侨 OVERSEAS CHINESE	港澳同胞 HONG KONG & MACAU	台湾同胞 TAIWAN PROVINCE	1997 年比 1996 年增　长 (%) GROWTH (%)
51 127 516	**6 744 334**	**154 601**	**42 494 684**	**1 733 897**	**12.6**
22 764 936	5 937 000	154 601	14 943 182	1 730 153	4.4
2 767 127	1 807 255	82 809	662 928	214 135	9.8
808 012	703 529	203	88 692	15 588	9.5
592 484	261 619	25 217	236 593	69 055	13.0
314 130	253 535	32 429	21 500	6 666	9.1
1 052 501	588 572	24 960	316 143	122 826	8.5
28 362 580	807 334	0	27 551 502	3 744	19.2

4-2 1997年旅行社

TOURISTS RECEIVED BY

地 区 LOCALITY	1997年总计 TOTAL, 1997		外国人 FOREIGNERS	
	人 数 ARRIVALS	平均停留 AVERAGE STAY	人 数 ARRIVALS	平均停留 AVERAGE STAY
总 计 TOTAL	**3 038 255**	**3.91**	**1 975 782**	**4.15**
北 京 BEIJING	874 069	5.16	785 382	5.31
天 津 TIANJIN	19 125	4.33	17 875	4.44
河 北 HEBEI	12 609	5.57	5 841	6.58
山 西 SHANXI	13 208	3.57	9 492	3.47
内蒙古 INNERMONGOLIA	77 830	2.05	77 673	2.05
辽 宁 LIAONING	23 457	3.62	21 157	3.50
吉 林 JILIN	4 514	5.63	3 979	5.86
黑龙江 HEILONGJIANG	131 461	1.87	129 518	1.83
上 海 SHANGHAI	231 945	4.32	199 216	4.39
江 苏 JIANGSU	109 163	6.04	62 819	5.81
浙 江 ZHEJIANG	77 753	6.48	41 292	6.65
安 徽 ANHUI	16 038	8.01	5 809	8.47
福 建 FUJIAN	84 875	6.86	30 508	6.08
江 西 JIANGXI	3 311	4.32	892	6.06
山 东 SHANDONG	43 735	5.32	29 968	5.11
河 南 HENAN	1 493	9.03	980	9.36
湖 北 HUBEI	20 904	4.73	13 831	5.56
湖 南 HUNAN	10 585	3.30	3 943	3.80
广 东 GUANGDONG	917 934	2.28	313 059	1.79
广 西 GUANGXI	90 771	2.87	41 352	2.70
海 南 HAINAN	58 417	2.78	11 463	4.04
重 庆 CHONGQING	41 099	2.54	31 936	1.74
四 川 SICHUAN	12 567	4.90	8 339	4.17
贵 州 GUIZHOU	7 013	5.05	3 777	4.82
云 南 YUNNAN	32 764	3.97	23 089	4.24
西 藏 TIBET	9 518	7.74	8 975	7.96
陕 西 SHAANXI	58 327	5.06	45 413	5.40
甘 肃 GANSU	4 336	8.07	2 580	7.37
青 海 QINGHAI	466	9.55	428	9.15
宁 夏 NINGXIA	197	5.37	163	3.99
新 疆 XINJIANG	48 771	2.54	45 033	2.58

接待海外旅游者情况(按地区分)

TRAVEL AGENCIES & LOCALITY 1997

单　位:人、天

UNIT:PERSON、DAY

华　侨 OVERSEAS CHINESE		港澳同胞 HONG KONG & MACAU		台湾同胞 TAIWAN PROVINCE	
人　数 ARRIVALS	平均停留 AVERAGE STAY	人　数 ARRIVALS	平均停留 AVERAGE STAY	人　数 ARRIVALS	平均停留 AVERAGE STAY
81 085	**6.24**	**710 989**	**2.80**	**270 399**	**4.35**
7 788	2.46	58 015	3.78	22 884	4.54
3	4.00	579	2.51	668	2.84
23	1.00	6 621	4.70	124	5.68
0	-	2 345	3.95	1 371	3.63
0	-	125	3.80	32	7.00
113	2.39	1 217	5.46	970	4.03
333	4.01	52	3.15	150	3.92
61	2.00	1 289	5.44	593	2.96
9 751	5.53	9 327	2.51	13 651	3.68
3 051	6.05	26 271	6.19	17 022	6.68
6 273	8.02	15 802	6.42	14 386	5.36
0	-	627	7.19	9 602	7.79
8 386	8.40	4 449	3.96	41 532	7.43
0	-	1 744	3.78	675	3.43
1 483	2.00	10 286	6.23	1 998	6.34
68	11.75	169	5.39	276	9.43
1 054	3.89	2 455	2.42	3 564	3.35
1 034	1.75	2 544	2.00	3 064	4.27
35 871	7.23	474 887	2.19	94 117	2.47
1 676	3.02	30 499	3.32	17 244	2.45
736	4.64	41 071	2.18	5 147	4.47
309	9.00	5 423	7.10	3 431	2.20
968	6.00	586	5.07	2 674	6.74
0	-	1 441	4.58	1 795	5.94
40	2.45	3 443	3.89	6 192	3.03
0	-	99	4.73	444	4.16
68	-	7 336	3.38	5 510	4.50
338	10.62	656	6.92	762	10.27
0	-	24	20.00	14	4.00
0	-	34	12.00	0	-
1 658	1.08	1 573	1.09	507	7.75

4-3 1997年各月中国国际旅行社
MONTHLY BREAKDOWN OF TOURISTS

月份 MONTH	总人数（人）ARRIVALS (PERSON)	外国人 FOREIGNERS	华侨 OVERSEAS CHINESE	港澳同胞 HONG KONG & MACAU	台湾同胞 TAIWAN PROVINCE
全年 WHOLE YEAR	**884 512**	**801 137**	**0**	**64 097**	**19 278**
一月 JAN.	39 626	37 773	0	1 116	737
二月 FEB.	53 899	46 406	0	6 158	1 335
三月 MAR.	89 961	82 611	0	5 423	1 927
四月 APR.	79 019	73 440	0	3 207	2 372
五月 MAY	77 856	71 704	0	3 913	2 239
六月 JUNE	71 857	64 502	0	6 011	1 344
七月 JULY	71 513	63 171	0	7 051	1 291
八月 AUG.	92 724	79 622	0	11 321	1 781
九月 SEP.	85 458	76 775	0	6 809	1 874
十月 OCT.	90 732	82 420	0	6 204	2 108
十一月 NOV.	74 671	69 732	0	3 567	1 372
十二月 DEC.	57 196	52 981	0	3 317	898

资料来源：中国国际旅行社集团

SOURCE: CHINA INTERNATIONAL TRAVEL SERVICE

NOTES: * CITS: CHINA INTERNATIONAL TRAVEL SERVICE

* * AVERAGE STAY (DAYS) OF VISITOR ARRIVALS ON GROUP TOURS

集团接待海外旅游者人数
RECEIVED BY ＊ CITS 1997

团体人均停留(天) ＊＊ AVERAGE (DAYS)	1997年比1996年增长(%) GROWTH (%) 总人数 ARRIVALS	外国人 FOREIGNERS	华侨 OVERSEAS CHINESE	港澳同胞 HONG KONG & MACAU	台湾同胞 TAIWAN PROVINCE	团体人均停留增减(天) ＊＊ INCREASE (DAYS)
4.5	**9.5**	**13.9**	**-**	**-27.7**	**23.7**	**-0.6**
3.2	30.8	31.1	-	9.4	59.9	-0.6
3.4	1.7	10.3	-	-38.8	55.8	-1.0
4.5	23.8	28.3	-	-23.4	74.2	-0.9
4.6	22.9	35.7	-	-65.2	153.4	-0.7
5.3	15.3	15.8	-	-2.6	51.6	-0.4
4.2	10.3	12.7	-	-12.0	26.3	-0.8
4.5	-0.5	7.7	-	-37.7	-31.5	-0.4
4.5	-1.3	8.2	-	-40.8	47.3	-0.7
6.4	9.6	7.4	-	74.0	-26.7	0.0
5.1	8.1	4.5	-	75.5	35.6	-0.8
3.8	5.6	7.2	-	-19.6	10.4	-0.7
3.0	0.9	11.9	-	-59.2	-27.6	-0.7

4－4　1997年各月中国国际旅行社集团

MONTHLY BREAKDOWN OF FOREIGN TOURISTS

国籍 NATIONALITY		一月 JAN.	二月 FEB.	三月 MAR.	四月 APR.	五月 MAY	六月 JUNE
总计	**TOTAL**	**37 831**	**46 406**	**82 611**	**73 440**	**71 704**	**64 502**
日本	JAPAN	5 955	8 893	21 400	11 859	13 532	15 107
韩国	KOREA	498	380	774	410	1 094	1 608
蒙古	MONGOLIA	0	0	0	0	0	0
印度尼西亚	INDONESIA	72	1 262	240	561	437	1 359
马来西亚	MALAYSIA	688	312	1 432	1 339	1 601	666
菲律宾	PHILIPPINES	0	0	0	0	9	5
新加坡	SINGAPORE	246	685	1 474	1 580	1 408	1 471
泰国	THAILAND	191	336	622	1 967	846	453
其他	OTHERS	527	537	371	441	539	205
亚洲	**ASIA**	**8 177**	**12 405**	**26 313**	**18 157**	**19 466**	**20 874**
英国	UNITED KINGDOM	1 367	1 467	3 386	2 019	3 051	1 834
法国	GERMANY	146	459	1 600	2 162	3 213	836
德国	FRANCE	1 171	2 547	6 841	2 606	3 811	1 513
意大利	ITALY	276	716	1 446	1 122	736	1 005
瑞士	SWITZERLAND	85	380	577	528	611	448
瑞典	SWEDEN	152	229	404	312	161	203
荷兰	NETHERLANDS	37	321	1 471	647	730	238
俄罗斯	RUSSIA	5 274	4 195	4 930	8 350	5 321	4 970
其他	OTHERS	1 173	1 693	3 045	1 923	2 002	1 600
欧洲	**EUROPE**	**9 681**	**12 007**	**23 700**	**19 669**	**19 636**	**12 647**
美国	UNITED STATES	3 682	3 231	11 340	11 664	10 984	8 389
加拿大	CANADA	28	31	293	569	319	208
其他	OTHERS	162	68	134	352	624	562
美洲	**AMERICA**	**3 872**	**3 330**	**11 767**	**12 585**	**11 927**	**9 159**
澳大利亚	AUSTRALIA	186	290	639	826	923	865
新西兰	NEW ZEALAND	12	9	63	78	110	146
其他	OTHERS	0	0	0	0	0	0
大洋洲	**OCEANIA**	**198**	**299**	**702**	**904**	**1 033**	**1 011**
非洲小计	**AFRICA**	**0**	**0**	**0**	**0**	**0**	**0**
其他	**OTHERS**	**15 903**	**18 365**	**20 129**	**22 125**	**19 642**	**20 811**

资料来源：中国国际旅行社集团

SOURCE: CHINA INTERNATIONAL TRAVEL SERVICE

NOTE: * CITS: CHINA INTERNATIONAL TRAVEL SERVICE

接待外国旅游者人数(按国籍分)

RECEIVED BY *CITS & NATIONALITY 1997

单　位:人

UNIT:PERSON

七　月 JULY	八　月 AUG.	九　月 SEP.	十　月 OCT.	十一月 NOV.	十二月 DEC.	合　计 TOTAL	占总数比重(%) P.C. TOTAL	比上年增长(%) GROWTH (%)
63 132	**79 622**	**76 775**	**82 401**	**69 732**	**52 981**	**801 137**	**100.0**	**13.9**
14 348	17 016	17 051	18 537	22 153	11 932	177 783	22.2	-5.6
1 983	3 508	1 230	993	709	728	13 915	1.7	-36.9
0	0	0	0	0	0	0	0.0	-
1 145	815	597	446	426	360	7 720	1.0	-24.1
515	881	1 965	562	135	1 152	11 248	1.4	-21.3
0	0	4	11	10	0	39	0.0	-96.4
756	359	1 996	1 231	759	1 370	13 335	1.7	5.8
484	282	323	277	85	94	5 960	0.7	-56.6
242	275	490	891	624	490	5 632	0.7	-26.3
19 473	**23 136**	**23 656**	**22 948**	**24 901**	**16 126**	**235 632**	**29.4**	**-20.5**
2 015	1 742	2 067	2 341	1 014	599	22 902	2.9	-16.3
1 598	2 195	2 226	1 656	1 070	848	19 009	2.2	-5.0
1 730	2 312	2 543	2 578	2 914	3 750	34 316	4.3	-19.4
1 160	2 701	1 511	1 086	1 216	592	13 567	1.7	-0.4
614	463	696	559	268	228	5 457	0.7	-20.2
209	105	365	293	229	118	2 780	0.3	-31.2
946	997	1 432	1 136	554	450	8 959	1.1	6.0
5 487	6 867	5 390	3 172	5 064	3 180	62 200	7.8	28.3
2 435	3 341	3 079	2 469	2 401	1 563	26 724	3.3	16.7
16 194	**20 723**	**19 309**	**15 290**	**14 730**	**11 328**	**194 914**	**24.3**	**-3.7**
6 514	7 377	12 121	16 545	9 937	5 646	107 430	13.4	23.3
246	277	519	646	285	113	3 534	0.5	-37.3
502	268	593	608	120	58	4 051	0.5	14.8
7 262	**7 922**	**13 233**	**17 799**	**10 342**	**5 817**	**115 015**	**14.4**	**19.4**
715	1 143	1 414	1 308	584	550	9 443	1.2	-3.8
98	59	76	39	24	14	728	0.1	-56.6
0	0	0	0	0	0	0	0.0	-
813	**1 202**	**1 490**	**1 347**	**608**	**564**	**10 171**	**1.3**	**-11.5**
0	**0**	**0**	**0**	**0**	**0**	**0**	**0.0**	**-**
19 390	**26 639**	**19 087**	**25 017**	**19 151**	**19 146**	**245 405**	**30.6**	**153.6**

4-5 1997年各月中国旅行社
MONTHLY BREAKDOWN OF TOURISTS

月份 MONTH	总人数(人) ARRI-VALS (PERSON)	外国人 FOREIG-NERS	华侨 OVER-SEAS CHINESE	港澳同胞 HONG KONG & MACAU	台湾同胞 TAIWAN PROVINCE
全年 WHOLE YEAR	**669 429**	**286 171**	**30 814**	**278 488**	**73 956**
一月 JAN.	34 505	16 164	2 744	11 651	3 946
二月 FEB.	49 315	15 410	4 803	23 266	5 836
三月 MAR.	59 620	30 260	2 314	20 924	6 122
四月 APR.	58 065	28 259	3 439	18 896	7 471
五月 MAY	69 263	36 888	2 542	22 455	7 378
六月 JUNE	54 847	21 588	3 772	24 630	4 857
七月 JULY	60 083	29 090	1 895	22 466	6 632
八月 AUG.	56 381	17 796	962	30 654	6 969
九月 SEP.	58 837	29 197	2 450	19 444	7 746
十月 OCT.	61 675	23 574	2 914	28 397	6 790
十一月 NOV.	50 969	18 278	1 498	27 705	3 488
十二月 DEC.	55 869	19 667	1 481	28 000	6 721

资料来源:中国旅行社集团

SOURCE: CHINA TRAVEL SERVICE

NOTES: * CTS: CHINA TRAVEL SERVICE

* * AVERAGE STAY (DAYS) OF VISITOR ARRIVALS ON GROUP TOURS

集团接待海外旅游者人数
RECEIVED BY ＊ CTS 1997

团体人均停留(天) ＊＊ AVERAGE (DAYS)	1997 年比 1996 年增长(%) GROWTH (%)					团体人均停留增减(天) ＊＊ INCREASE (DAYS)
	总人数 ARRIVALS	外国人 FOREIGNERS	华侨 OVERSEAS CHINESE	港澳同胞 HONG KONG & MACAU	台湾同胞 TAIWAN PROVINCE	
4.0	**13.2**	**9.4**	**22.2**	**18.2**	**7.1**	**-0.1**
2.6	58.3	69.1	405.3	22.6	79.9	-0.5
3.4	-11.8	-10.4	89.2	-26.4	27.3	-0.3
3.8	72.6	74.8	69.3	62.7	103.6	-0.2
4.0	21.1	32.6	54.9	-10.6	129.2	-0.9
4.2	48.1	56.5	-34.3	59.1	41.6	0.1
3.7	-2.8	-13.8	62.1	8.1	-22.4	-0.5
4.2	41.1	71.4	6.2	28.4	4.9	0.8
4.2	-5.8	-26.0	-40.5	19.8	-19.0	0.5
4.3	13.1	12.7	-8.5	18.5	10.4	-0.4
4.2	-20.5	-35.9	-0.6	1.8	-32.0	-0.5
4.5	-1.3	-25.5	-9.0	46.9	-47.0	0.7
3.7	25.8	1.5	-12.5	61.8	11.5	0.3

4－6 1997年各月中国旅行社集团

MONTHLY BREAKDOWN OF FOREIGN TOURISTS

国籍 NATIONALITY		一月 JAN.	二月 FEB.	三月 MAR.	四月 APR.	五月 MAY	六月 JUNE
总计	**TOTAL**	**16 164**	**15 410**	**30 260**	**28 259**	**36 888**	**21 588**
日本	JAPAN	3 199	2 698	3 699	3 889	2 754	2 736
韩国	KOREA	5 751	3 983	3 023	4 448	3 511	2 757
蒙古	MONGOLIA	0	0	0	0	0	0
印度尼西亚	INDONESIA	242	1 496	584	544	683	1 545
马来西亚	MALAYSIA	191	659	866	1 624	3 550	1 538
菲律宾	PHILIPPINES	206	105	674	549	754	228
新加坡	SINGAPORE	522	1 956	1 912	1 875	1 810	3 492
泰国	THAILAND	1 044	963	1 459	4 704	2 501	696
其他	OTHERS	103	168	315	3 069	3 098	621
亚洲	**ASIA**	**11 258**	**12 028**	**12 532**	**20 702**	**18 661**	**13 613**
英国	UNITED KINGDOM	342	301	413	717	593	775
法国	FRANCE	246	75	379	474	1 009	154
德国	GERMANY	117	89	78	50	561	224
意大利	ITALY	6	4	14	12	34	6
瑞士	SWITZERLAND	306	2	621	307	408	322
瑞典	SWEDEN	631	205	639	827	626	549
荷兰	NETHERLANDS	19	27	78	8	169	50
俄罗斯	RUSSIA	350	300	500	350	515	564
其他	OTHERS	1 360	631	2 346	1 956	1 946	1 067
欧洲	**EUROPE**	**3 377**	**1 634**	**5 068**	**4 701**	**5 861**	**3 711**
美国	UNITED STATES	706	622	1 277	1 668	2 131	1 363
加拿大	CANADA	175	312	429	236	407	308
其他	OTHERS	9	38	32	40	28	58
美洲	**AMERICA**	**890**	**972**	**1 738**	**1 944**	**2 566**	**1 729**
澳大利亚	AUSTRALIA	274	241	326	232	461	348
新西兰	NEW ZEALAND	96	58	71	104	120	49
其他	OTHERS	0	1	3	0	0	0
大洋洲	**OCEANIA**	**370**	**300**	**400**	**336**	**581**	**397**
非洲	**AFRICA**	**32**	**28**	**9**	**17**	**16**	**23**
其他	**OTHERS**	**237**	**448**	**10 513**	**559**	**9 203**	**2 115**

资料来源：中国旅行社集团

SOURCE: CHINA TRAVEL SERVICE

NOTE: * CTS: CHINA TRAVEL SERVICE

接待外国旅游者人数(按国籍分)

RECEIVED BY ＊CTS & NATIONALITY 1997

单　位:人

UNIT:PERSON

七　月 JULY	八　月 AUG.	九　月 SEP.	十　月 OCT.	十一月 NOV.	十二月 DEC.	合　计 TOTAL	占总数比重(%) P.C. TOTAL	比上年增长(%) GROWTH (%)
29 090	**17 796**	**29 197**	**23 574**	**18 278**	**19 667**	**286 171**	**100.0**	**9.4**
2 594	3 254	5 037	4 751	4 978	3 597	43 186	15.1	-15.5
1 956	3 285	1 854	1 822	2 125	301	34 816	12.2	-2.2
0	0	0	0	0	0	0	0.0	-
2 629	563	1 662	1 268	487	663	12 366	4.3	-12.3
724	894	3 217	1 094	1 042	770	16 169	5.7	-6.0
282	83	411	286	136	65	3 779	1.3	-11.5
1 277	866	1 715	1 436	1 116	1 610	19 587	6.8	-21.7
729	411	748	1 268	778	797	16 098	5.6	-32.9
2 396	2 455	2 122	1 806	1 241	1 050	18 444	6.5	325.0
12 587	**11 811**	**16 766**	**13 731**	**11 903**	**8 853**	**164 445**	**57.5**	**-6.4**
1 092	491	626	561	565	230	6 706	2.3	-8.7
426	392	165	377	21	1 550	5 268	1.8	32.5
55	111	156	134	51	29	1 655	0.6	-29.5
15	17	18	9	13	4	152	0.1	-61.8
922	602	215	201	2	445	4 353	1.5	-38.5
1 097	604	285	280	147	2 480	8 370	2.9	63.3
74	4	59	137	52	29	706	0.3	48.6
1 283	669	600	732	290	477	6 630	2.3	11.0
2 011	1 233	1 188	1 111	841	4 250	19 940	7.0	20.5
6 975	**4 123**	**3 312**	**3 542**	**1 982**	**9 494**	**53 780**	**18.8**	**9.2**
1 090	1 024	1 356	1 812	1 265	776	15 090	5.3	-29.7
273	248	348	649	378	90	3 853	1.4	36.2
85	104	282	200	52	31	959	0.3	451.1
1 448	**1 376**	**1 986**	**2 661**	**1 695**	**897**	**19 902**	**7.0**	**-18.6**
274	152	424	422	349	219	3 722	1.3	-33.2
113	33	39	59	61	13	816	0.3	-25.8
1	0	0	0	0	0	5	0.0	-54.5
388	**185**	**463**	**481**	**410**	**232**	**4 543**	**1.6**	**-32.0**
44	**8**	**38**	**21**	**19**	**3**	**258**	**0.1**	**-31.6**
7 648	**293**	**6 632**	**3 138**	**2 269**	**188**	**43 243**	**15.1**	**734.2**

4-7 1997年各月中国青年旅行社

MONTHLY BREAKDOWN OF TOURISTS

月份 MONTH	总人数（人）ARRIVALS (PERSON)	外国人 FOREIGNERS	华侨 OVERSEAS CHINESE	港澳同胞 HONG KONG & MACAU	台湾同胞 TAIWAN PROVINCE
全年 WHOLE YEAR	**342 851**	**287 206**	**29 771**	**6 981**	**18 893**
一月 JAN.	20 729	15 744	986	0	3 999
二月 FEB.	21 239	17 896	1 083	2 161	99
三月 MAR.	24 900	23 425	1 341	73	61
四月 APR.	21 931	16 207	2 392	390	2 942
五月 MAY	35 186	32 032	1 272	14	1 868
六月 JUNE	35 217	26 724	8 387	85	21
七月 JULY	25 684	17 389	4 255	57	3 983
八月 AUG.	32 898	28 686	1 407	1 681	1 124
九月 SEP.	36 423	33 402	1 778	0	1 243
十月 OCT.	33 172	25 223	4 678	1 043	2 228
十一月 NOV.	36 873	34 060	2 091	5	717
十二月 DEC.	18 599	16 418	101	1 472	608

资料来源：中国青年旅行社集团

SOURCE: CHINA YOUTH TRAVEL SERVICE

NOTES: * CYTS: CHINA YOUTH TRAVEL SERVICE

* * AVERAGE STAY (DAYS) OF VISITOR ARRIVALS ON GROUP TOURS

集团接待的海外旅游者人数
RECEIVED BY ＊ CYTS 1997

团体人均停留(天) ＊＊ AVER-AGE (DAYS)	1997年比1996年增长(%) GROWTH (%)					团体人均停留增减(天) ＊＊ INCREASE (DAYS)
	总人数 ARRIVALS	外国人 FOREIG-NERS	华侨 OVER-SEAS CHINESE	港澳同胞 HONG KONG & MACAU	台湾同胞 TAIWAN PROVINCE	
5.0	**9.1**	**13.3**	**-8.2**	**-67.5**	**183.4**	**1.2**
4.9	4.9	-2.4	-	-	-	1.5
5.3	10.0	10.0	4.2	8.1	-	2.1
4.9	10.0	20.3	-55.8	-	-51.6	1.4
5.5	5.2	-8.6	351.3	-	13.9	1.1
5.3	16.4	21.4	-38.6	-99.1	986.0	1.5
4.3	16.7	24.4	-2.8	57.4	-38.2	0.9
4.8	-1.5	-10.6	40.8	-97.1	145.9	-0.4
4.9	0.6	18.2	262.6	-79.1	-	0.7
5.1	2.2	35.2	-83.7	-	-	1.3
5.1	21.0	5.8	220.9	-50.9	-	0.6
5.2	19.8	24.6	72.8	-99.6	-34.2	1.0
4.9	0.3	-0.3	-19.8	56.3	-39.2	0.9

4-8 1997年各月中国青年旅行社集团
MONTHLY BREAKDOWN OF FOREIGN TOURISTS

国籍 NATIONALITY	一月 JAN.	二月 FEB.	三月 MAR.	四月 APR.	五月 MAY	六月 JUNE
总计 TOTAL	**15 708**	**17 896**	**21 206**	**16 207**	**31 914**	**26 428**
日本 JAPAN	9 235	8 767	9 826	6 285	13 741	8 659
韩国 KOREA	823	1 042	1 150	2 566	4 772	3 223
蒙古 MONGOLIA	0	0	0	0	0	0
印度尼西亚 INDONESIA	94	270	3	41	102	201
马来西亚 MALAYSIA	8	780	0	257	1 020	0
菲律宾 PHILIPPINES	0	0	0	0	0	0
新加坡 SINGAPORE	1 515	1 916	660	5	4	4 336
泰国 THAILAND	101	114	117	262	121	1 410
其他 OTHERS	69	7	79	372	363	5
亚洲 ASIA	**11 845**	**12 896**	**11 835**	**9 788**	**20 123**	**17 834**
英国 UNITED KINGDOM	2	46	275	192	206	0
法国 FRANCE	13	11	89	552	574	46
德国 GERMANY	760	261	976	726	710	308
意大利 ITALY	143	0	0	80	42	0
瑞士 SWITZERLAND	9	11	0	0	0	0
瑞典 SWEDEN	48	0	0	0	0	0
荷兰 NETHERLANDS	4	0	0	0	0	0
俄罗斯 RUSSIA	2 721	4 495	5 867	3 573	8 076	7 556
其他 OTHERS	7	39	272	414	579	154
欧洲 EUROPE	**3 707**	**4 863**	**7 479**	**5 537**	**10 187**	**8 064**
美国 UNITED STATES	156	137	1 879	882	624	530
加拿大 CANADA	0	0	0	0	56	0
其他 OTHERS	0	0	13	0	924	0
美洲 AMERICA	**156**	**137**	**1 892**	**882**	**1 604**	**530**
澳大利亚 AUSTRALIA	0	0	0	0	0	0
新西兰 NEW ZEALAND	0	0	0	0	0	0
其他 OTHERS	0	0	0	0	0	0
大洋洲 OCEANIA	**0**	**0**	**0**	**0**	**0**	**0**
非洲 AFRICA	**0**	**0**	**0**	**0**	**0**	**0**
其他 OTHERS	**0**	**0**	**0**	**0**	**0**	**0**

资料来源:中国青年旅行社集团

SOURCE:CHINA YOUTH TRAVEL SERVICE

NOTE: * CYTS: CHINA YOUTH TRAVEL SERVICE

接待外国旅游者人数(按国籍分)

RECEIVED BY ＊CYTS & NATIONALITY 1997

单 位:人

UNIT:PERSON

七 月 JULY	八 月 AUG.	九 月 SEP.	十 月 OCT.	十一月 NOV.	十二月 DEC.	合 计 TOTAL	占总数比重(%) P.C. TOTAL	比上年增长(%) GROWTH (%)
17 389	**28 547**	**36 292**	**25 223**	**33 978**	**16 418**	**287 206**	**100.0**	**13.3**
7 805	13 455	13 236	11 872	16 768	14 645	134 294	46.8	12.4
3 249	4 742	3 444	1 453	1 090	479	28 033	9.8	16.0
0	0	0	0	0	0	0	0.0	-
321	0	0	381	460	28	1 901	0.6	-0.4
104	0	552	460	210	0	3 391	1.2	4.9
0	0	0	402	0	0	402	0.1	101.0
0	0	2 101	1 380	1 021	44	12 982	4.5	30.7
2 909	1 890	1 404	115	682	304	9 429	3.3	9.2
48	132	114	0	0	0	1 189	0.4	21.0
14 436	**20 219**	**20 851**	**16 063**	**20 231**	**15 500**	**191 621**	**66.7**	**13.7**
154	169	715	514	555	196	3 024	1.1	16.8
90	42	80	224	230	0	1 951	0.7	21.6
312	480	680	730	1 674	388	8 005	2.8	7.9
61	50	840	0	0	0	1 216	0.4	225.1
0	0	96	18	160	0	294	0.1	119.4
0	0	0	0	0	0	48	0.0	-
0	0	0	0	0	0	4	0.0	-90.9
1 844	7 421	8 019	6 659	9 231	334	65 796	22.9	5.0
492	15	335	201	0	0	2 506	0.9	11.0
2 953	**8 177**	**10 765**	**8 346**	**11 850**	**918**	**82 846**	**28.9**	**7.5**
0	151	4 676	814	96	0	9 945	3.5	91.3
0	0	0	0	1 801	0	1 857	0.6	-
0	0	0	0	0	0	937	0.3	-53.9
0	**151**	**4 676**	**814**	**1 897**	**0**	**12 739**	**4.4**	**72.4**
0	0	0	0	0	0	0	0.0	-
0	0	0	0	0	0	0	0.0	-
0	0	0	0	0	0	0	0.0	-
0	**0**	**0**	**0**	**0**	**0**	**0**	**0.0**	**-**
0	**0**	**0**	**0**	**0**	**0**	**0**	**0.0**	**-**
0	**0**	**0**	**0**	**0**	**0**	**0**	**0.0**	**-**

五、地方接待情况

5. DISTRIBUTION OF INTERNATIONAL TOURISTS TO LOCALITY

5-1 1996-1997年各地区
INTERNATIONAL TOURISTS

地　区 LOCALITY	1997年总计 TOTAL 1997		
	人次数 (人次) ARRIVALS	人天数 (人天) NIGHTS	平均停留 (天) AVERAGE STAY
总　计　TOTAL	**21 847 400**	**53 200 102**	**2.44**
北　京　BEIJING	2 298 368	8 433 060	3.67
天　津　TIANJIN	280 377	966 785	3.45
河　北　HEBEI	321 690	778 500	2.42
山　西　SHANXI	125 320	262 016	2.09
内蒙古　INNERMONGOLIA	327 131	696 690	2.13
辽　宁　LIAONING	387 955	1 403 233	3.62
吉　林　JILIN	200 433	367 612	1.83
黑龙江　HEILONGJIANG	341 922	657 919	1.92
上　海　SHANGHAI	1 653 502	6 419 791	3.88
江　苏　JIANGSU	1 017 019	2 347 079	2.31
浙　江　ZHEJIANG	811 468	1 927 727	2.38
安　徽　ANHUI	290 364	432 804	1.49
福　建　FUJIAN	1 150 453	4 201 853	3.65
江　西　JIANGXI	133 443	300 154	2.25
山　东　SHANDONG	585 017	1 179 471	2.02
河　南　HENAN	264 359	610 458	2.31
湖　北　HUBEI	580 223	949 661	1.64
湖　南　HUNAN	301 631	1 092 400	3.62
广　东　GUANGDONG	7 391 644	13 144 900	1.78
广　西　GUANGXI	573 138	1 089 159	1.90
海　南　HAINAN	412 803	585 572	1.42
重　庆　CHONGQING	261 189	713 280	2.73
四　川　SICHUAN	255 236	528 800	2.07
贵　州　GUIZHOU	150 234	305 556	2.03
云　南　YUNNAN	805 421	1 364 216	1.69
西　藏　TIBET	81 800	267 300	3.27
陕　西　SHAANXI	539 436	1 413 464	2.62
甘　肃　GANSU	116 263	203 070	1.75
青　海　QINGHAI	12 817	21 587	1.68
宁　夏　NINGXIA	4 238	10 964	2.59
新　疆　XINJIANG	172 506	525 021	3.04

接待海外旅游者情况
BY LOCALITY 1996 - 1997

1996 年总计 TOTAL 1996			1997 年比 1996 年增减 INCREASE		
人次数 (人次) ARRIVALS	人 天 数 (人天) NIGHTS	平均停留 (天) AVERAGE STAY	人次数 (%) ARRIVALS (%)	人 天 数 (%) NIGHTS (%)	平均停留 (天) AVERAGE STAY
19 503 568	**47 340 328**	**2.43**	**12.02**	**12.38**	**0.01**
2 188 917	7 875 506	3.60	5.00	7.08	0.07
233 258	814 399	3.49	20.20	18.71	-0.04
254 243	606 796	2.39	26.53	28.30	0.03
96 995	193 572	2.00	29.20	35.36	0.10
314 785	689 646	2.19	3.92	1.02	-0.06
298 228	1 225 289	4.11	30.09	14.52	-0.49
188 338	363 625	1.93	6.42	1.10	-0.10
259 033	518 434	2.00	32.00	26.91	-0.08
1 431 877	6 013 877	4.20	15.48	6.75	-0.32
853 669	1 963 164	2.30	19.14	19.56	0.01
729 012	1 688 185	2.32	11.31	14.19	0.06
174 904	281 771	1.61	66.01	53.60	-0.12
1 045 658	3 673 582	3.51	10.02	14.38	0.14
98 978	218 232	2.20	34.82	37.54	0.04
531 616	1 297 219	2.44	10.05	-9.08	-0.42
242 096	472 767	1.95	9.20	29.12	0.36
368 877	729 966	1.98	57.29	30.10	-0.34
228 703	686 109	3.00	31.89	59.22	0.62
6 910 997	11 964 172	1.73	6.95	9.78	0.05
520 470	967 983	1.86	10.12	12.52	0.04
339 030	539 754	1.59	21.76	8.49	-0.17
-	-	-	-	-	-
454 748	955 646	2.10	-	-	-
125 344	275 236	2.20	19.86	11.02	-0.16
742 527	1 296 265	1.75	8.47	5.24	-0.05
75 003	183 715	2.45	9.06	45.50	0.82
500 272	1 147 602	2.29	7.83	23.17	0.33
104 451	184 938	1.77	11.31	9.80	-0.02
10 421	18 054	1.73	22.99	19.57	-0.05
4 218	10 123	2.40	0.47	8.31	0.19
176 900	484 701	2.74	-2.48	8.32	0.30

5-2 1997年各地区接待海外

BREAKDOWN OF INTERNATIONAL

地 区 LOCALITY		外国人 FOREIGNERS 人次数 (人次) ARRIVALS	外国人 FOREIGNERS 人天数 (人天) NIGHTS	外国人 FOREIGNERS 平均停留 (天) AVERAGE STAY	华 OVERSEAS 人次数 (人次) ARRIVALS
总 计	**TOTAL**	**10 909 430**	**30 614 799**	**2.81**	**488 494**
北 京	BEIJING	1 868 570	6 882 974	3.68	26 456
天 津	TIANJIN	230 957	843 380	3.65	2 213
河 北	HEBEI	273 813	675 141	2.47	2 161
山 西	SHANXI	87 561	191 123	2.18	1 983
内蒙古	INNERMONGOLIA	322 919	690 789	2.14	75
辽 宁	LIAONING	310 667	1 154 459	3.72	7 500
吉 林	JILIN	180 872	334 750	1.85	770
黑龙江	HEILONGJIANG	303 704	574 695	1.89	85
上 海	SHANGHAI	1 299 923	5 329 685	4.10	52 361
江 苏	JIANGSU	642 586	1 598 284	2.49	18 267
浙 江	ZHEJIANG	453 449	1 073 305	2.37	29 589
安 徽	ANHUI	118 024	206 812	1.75	4 386
福 建	FUJIAN	316 238	1 134 821	3.59	36 650
江 西	JIANGXI	32 309	83 842	2.60	4 229
山 东	SHANDONG	344 374	737 993	2.14	12 797
河 南	HENAN	135 383	241 161	1.78	4 829
湖 北	HUBEI	353 065	583 516	1.65	6 635
湖 南	HUNAN	122 001	575 700	4.72	6 055
广 东	GUANGDONG	1 346 577	3 083 400	2.29	237 741
广 西	GUANGXI	340 531	643 530	1.89	4 875
海 南	HAINAN	100 344	169 749	1.69	6 109
重 庆	CHONGQING	155 692	400 485	2.57	773
四 川	SICHUAN	147 656	319 724	2.17	3 948
贵 州	GUIZHOU	78 072	158 009	2.02	26
云 南	YUNNAN	580 266	1 009 909	1.74	7 225
西 藏	TIBET	73 000	228 000	3.12	100
陕 西	SHAANXI	437 033	1 029 573	2.36	9 530
甘 肃	GANSU	84 048	156 871	1.87	654
青 海	QINGHAI	9 419	15 556	1.65	30
宁 夏	NINGXIA	3 310	8 936	2.70	110
新 疆	XINJIANG	157 067	478 627	3.05	332

旅游者情况(按外国人、华侨、港澳台同胞分)
TOURISTS BY LOCALITY 1997

侨 CHINESE		港澳同胞 HONG KONG & MACAU			台湾同胞 TAIWAN PROVINCE		
人天数 (人天) NIGHTS	平均停留 (天) AVERAGE STAY	人次数 (人次) ARRIVALS	人天数 (人天) NIGHTS	平均停留 (天) AVERAGE STAY	人次数 (人次) ARRIVALS	人天数 (人天) NIGHTS	平均停留 (天) AVERAGE STAY
1 388 633	**2.84**	**7 344 832**	**14 452 450**	**1.97**	**3 104 644**	**6 744 220**	**2.17**
94 737	3.58	263 227	948 509	3.60	140 115	506 840	3.62
4 632	2.09	27 871	61 673	2.21	19 336	57 100	2.95
3 918	1.81	27 501	65 329	2.38	18 215	34 112	1.87
3 217	1.62	16 118	33 181	2.06	19 658	34 495	1.75
166	2.21	1 560	2 479	1.59	2 577	3 256	1.26
34 282	4.57	35 711	113 242	3.17	34 077	101 250	2.97
1 611	2.09	8 162	13 917	1.71	10 629	17 334	1.63
194	2.28	27 495	64 272	2.34	10 638	18 758	1.76
167 558	3.20	163 388	522 841	3.20	137 830	399 707	2.90
36 288	1.99	197 098	330 238	1.68	159 068	382 269	2.40
129 618	4.38	135 765	282 606	2.08	192 665	442 198	2.30
8 818	2.01	26 927	42 777	1.59	141 027	174 397	1.24
228 595	6.24	491 053	1 973 548	4.02	306 512	864 889	2.82
8 493	2.01	53 534	89 006	1.66	43 371	118 813	2.74
31 766	2.48	125 006	217 672	1.74	102 840	192 040	1.87
9 140	1.89	43 200	134 816	3.12	80 947	225 641	2.78
7 611	1.15	64 466	111 291	1.73	156 057	247 243	1.58
11 908	1.97	97 518	321 073	3.29	76 057	183 709	2.42
527 098	2.22	5 024 270	8 188 032	1.63	783 056	1 346 370	1.72
11 094	2.28	121 224	215 071	1.77	106 508	219 464	2.06
7 846	1.28	166 127	218 436	1.31	140 223	189 541	1.35
2 552	3.30	32 435	86 478	2.67	72 289	223 765	3.10
5 423	1.37	31 332	76 338	2.44	72 300	127 315	1.76
71	2.73	35 089	73 793	2.10	37 047	73 683	1.99
14 340	1.98	71 723	121 399	1.69	146 207	218 568	1.49
300	3.00	6 100	27 000	4.43	2 600	12 000	4.62
34 579	3.63	34 579	84 278	2.44	58 294	265 034	4.55
1 247	1.91	9 955	14 938	1.50	21 606	30 014	1.39
60	2.00	956	2 004	2.10	2 412	3 967	1.64
315	2.86	295	637	2.16	523	1 076	2.06
1 146	3.45	5 147	15 576	3.03	9 960	29 672	2.98

5-3 1997年各地区接待
FOREIGN TOURISTS BY

地　　区 LOCALITY	合　计 TOTAL	#日　本 JAPAN	#韩　国 KOREA	#马来西亚 MALA-YSIA	#菲律宾 PHILIP-PINES	#新加坡 SINGA-PORE
总　计 TOTAL	**10 909 430**	**2 806 988**	**954 670**	**680 439**	**139 429**	**635 293**
北　京 BEIJING	1 868 570	430 439	193 733	111 947	11 293	82 676
天　津 TIANJIN	230 957	34 927	23 117	5 350	849	4 800
河　北 HEBEI	273 813	39 522	11 116	54 574	4 242	24 759
山　西 SHANXI	87 561	39 811	2 799	2 169	995	5 375
内蒙古 INNERMONGOLIA	322 919	14 721	1 230	880	217	960
辽　宁 LIAONING	310 667	100 622	127 553	3 125	1 071	5 578
吉　林 JILIN	180 872	14 945	108 867	1 243	174	2 347
黑龙江 HEILONGJIANG	303 704	23 560	14 196	2 416	591	3 452
上　海 SHANGHAI	1 299 923	599 690	98 271	47 103	36 849	53 013
江　苏 JIANGSU	642 586	248 329	31 224	74 071	4 693	43 447
浙　江 ZHEJIANG	453 449	122 262	45 956	45 448	15 446	47 281
安　徽 ANHUI	118 024	24 913	13 558	10 237	1 583	22 507
福　建 FUJIAN	316 238	53 331	9 123	67 454	17 238	82 666
江　西 JIANGXI	32 309	12 925	1 376	976	294	2 049
山　东 SHANDONG	344 374	84 330	114 273	7 139	11 822	17 535
河　南 HENAN	135 383	40 353	6 665	7 782	2 278	6 676
湖　北 HUBEI	353 065	142 376	3 930	13 026	3 504	15 062
湖　南 HUNAN	122 001	20 848	7 902	2 830	1 260	6 510
广　东 GUANGDONG	1 346 577	255 019	57 274	94 255	13 995	65 089
广　西 GUANGXI	340 531	69 455	23 341	10 571	1 540	4 958
海　南 HAINAN	100 344	28 530	15 297	14 944	574	14 253
重　庆 CHONGQING	155 692	70 413	2 795	7 784	1 044	8 767
四　川 SICHUAN	147 656	32 338	4 027	7 335	704	19 501
贵　州 GUIZHOU	78 072	9 787	548	21 013	1 753	16 550
云　南 YUNNAN	580 266	57 345	8 417	53 755	3 361	66 709
西　藏 TIBET	73 000	7 125	1 033	650	15	912
陕　西 SHAANXI	437 033	157 845	22 536	7 256	1 441	6 041
甘　肃 GANSU	84 048	35 267	2 332	2 410	429	3 488
青　海 QINGHAI	9 419	3 054	272	90	12	241
宁　夏 NINGXIA	3 310	1 538	108	72	3	106
新　疆 XINJIANG	157 067	31 368	1 801	2 534	159	1 985

外国旅游者人数(按国籍分)

LOCALITY & NATIONALITY 1997

单　位:人次

UNIT:PERSON

＃泰　国 THAI-LAND	＃美　国 UNITED STATES	＃加拿大 CANADA	＃英　国 UNITED KINGDOM	＃法　国 FRANCE	＃德　国 GERMANY	＃俄罗斯 RUSSIA	＃澳大利亚 AUS-TRALIA
243 402	**956 262**	**179 277**	**334 383**	**304 974**	**383 863**	**534 740**	**197 646**
31 384	216 813	40 762	90 402	65 158	91 305	65 207	43 486
650	11 161	2 089	3 077	2 002	3 015	1 882	1 872
6 513	13 184	4 066	17 926	7 278	4 338	13 998	5 102
1 850	6 958	1 045	2 113	4 613	3 415	937	1 118
627	1 439	277	596	607	1 078	90 057	283
1 135	10 380	2 672	3 267	3 587	4 261	26 549	2 223
638	2 374	456	659	363	2 560	2 116	343
2 200	4 870	2 571	1 459	2 573	1 675	236 060	988
15 593	124 055	19 264	32 822	39 082	53 281	4 749	28 965
6 188	57 966	9 034	19 044	17 484	26 741	1 712	9 615
15 807	38 087	7 951	9 251	12 016	17 066	1 824	9 257
4 158	11 643	1 319	1 678	2 315	4 623	194	2 371
2 568	23 356	3 118	4 156	2 330	5 242	310	6 670
497	4 433	852	1 706	600	2 056	316	638
2 000	23 029	5 640	5 113	4 094	8 489	5 485	3 262
2 533	10 750	3 444	6 184	8 110	8 909	4 166	9 096
4 409	51 389	3 912	7 522	10 469	13 122	565	3 106
1 754	16 229	5 974	4 346	2 618	2 515	6 947	8 862
39 028	118 391	32 992	39 951	28 191	28 118	7 219	25 788
2 949	40 169	6 131	13 561	23 921	21 014	503	6 901
2 751	4 503	1 062	1 012	846	2 357	700	651
2 869	24 475	2 468	3 511	7 938	6 577	110	2 047
17 175	14 801	2 792	4 957	5 684	7 168	816	2 674
3 728	7 003	3 319	2 582	3 428	1 644	61	673
70 975	37 255	5 582	20 060	10 812	17 246	432	8 483
202	8 902	1 102	3 098	4 898	9 104	434	1 700
2 347	57 355	6 728	27 771	24 432	25 453	1 678	8 583
511	6 504	900	2 914	4 522	6 118	50	1 404
5	800	285	434	780	522	82	133
6	329	132	138	60	291	2	62
352	7 659	1 338	3 073	4 163	4 560	59 579	1 290

5-4 1996-1997年主要城市接待

INTERNATIONAL TOURISTS TO

城市名称 NAME OF CITY		1997 年 总 计 TOTAL 1997		
		人 数 (人) ARRIVALS	人天数 (人天) NIGHTS	平均停留 (天) AVERAGE STAY
北 京	BEIJING	2 298 368	8 433 060	3.67
天 津	TIANJIN	280 377	966 785	3.45
石家庄	SHIJIAZHUANG	51 240	175 488	3.42
秦皇岛	QINHUANGDAO	95 637	284 752	2.98
承 德	CHENGDE	107 442	150 750	1.40
太 原	TAIYUAN	38 361	88 365	2.30
大 同	DATONG	38 268	66 222	1.73
呼和浩特	HOHHOT	17 914	31 638	1.77
沈 阳	SHENYANG	152 168	403 798	2.65
大 连	DALIAN	205 043	888 075	4.33
长 春	CHANGCHUN	35 346	92 209	2.61
吉 林	JILIN	13 443	38 732	2.88
延 边	YANBIAN	116 303	170 781	1.47
哈尔滨	HARBIN	120 387	233 819	1.94
上 海	SHANGHAI	1 653 502	6 419 791	3.88
南 京	NANJING	292 472	661 110	2.26
无 锡	WUXI	184 085	365 010	1.98
苏 州	SUZHOU	275 228	591 911	2.15
南 通	NANTONG	89 543	276 635	3.09
连云港	LIANYUNGANG	4 852	21 049	4.34
杭 州	HANGZHOU	504 276	1 109 914	2.20
宁 波	NINGBO	100 507	200 040	1.99
温 州	WENZHOU	31 969	112 453	3.52
合 肥	HEFEI	24 380	69 044	2.83
黄 山	HUANGSHAN	217 325	228 412	1.05
福 州	FUZHOU	129 148	444 693	3.44
厦 门	XIAMEN	385 826	1 610 696	4.17
泉 州	QUANZHOU	428 102	2 305 921	5.39
漳 州	ZHANGZHOU	44 918	225 416	5.02

海外旅游者情况

MAJOR CITIES 1996 - 1997

1996 年总计 TOTAL 1996			1997 年比 1996 年增减 INCREASE		
人数 (人) ARRIVALS	人天数 (人天) NIGHTS	平均停留 (天) AVERAGE STAY	人数 (%) ARRIVALS	人天数 (%) NIGHTS	平均停留 (天) AVERAGE STAY
2 188 917	7 875 506	3.60	5.00	7.08	0.07
233 258	814 399	3.49	20.20	18.71	-0.04
41 184	181 399	4.40	24.42	-3.26	-0.98
68 087	145 860	2.14	40.46	95.22	0.84
95 866	136 456	1.42	12.08	10.48	-0.02
28 038	58 928	2.10	36.82	49.95	0.20
36 417	63 824	1.75	5.08	3.76	-0.02
16 136	30 730	1.90	11.02	2.95	-0.14
107 946	294 443	2.73	40.97	37.14	-0.07
162 483	803 061	4.94	26.19	10.59	-0.61
33 193	127 370	3.84	6.49	-27.61	-1.23
16 019	55 655	3.47	-16.08	-30.41	-0.59
120 940	157 576	1.30	-3.83	8.38	0.17
100 459	216 405	2.15	19.84	8.05	-0.21
1 431 877	6 013 877	4.20	15.48	6.75	-0.32
241 870	569 062	2.35	20.92	16.18	-0.09
154 461	356 359	2.31	19.18	2.43	0.32
251 143	516 176	2.06	9.59	14.67	0.10
54 344	119 972	2.21	64.77	130.58	0.88
4 932	20 385	4.13	-1.62	3.26	0.20
462 313	957 194	2.07	9.08	15.95	0.13
88 517	180 877	2.04	13.55	10.59	-0.05
29 467	109 167	3.70	8.49	3.01	-0.19
20 419	66 954	3.28	19.40	3.12	-0.45
115 115	125 813	1.09	88.79	81.55	-0.04
120 563	461 648	3.83	7.12	-3.67	-0.39
337 092	1 435 476	4.26	14.46	12.21	-0.08
400 518	1 093 336	2.73	6.89	110.91	2.66
28 727	170 819	5.95	56.36	31.96	-0.93

5－4 续表

城市名称 NAME OF CITY		1997年总计 TOTAL 1997		
		人数（人） ARRIVALS	人天数（人天） NIGHTS	平均停留（天） AVERAGE STAY
南昌	NANCHANG	30 018	94 247	3.14
九江	JIUJIANG	26 623	56 620	2.13
济南	JINAN	89 029	169 280	1.90
青岛	QINGDAO	197 890	524 545	2.65
烟台	YANTAI	88 622	168 797	1.90
威海	WEIHAI	80 052	118 084	1.48
郑州	ZHENGZHOU	246 419	549 220	2.23
洛阳	LUOYANG	68 459	96 443	1.41
武汉	WUHAN	309 032	607 391	1.97
长沙	CHANGSHA	194 664	660 363	3.39
广州	GUANGZHOU	2 944 452	6 270 783	2.13
深圳	SHENZHEN	2 261 919	3 578 596	1.58
珠海	ZHUHAI	614 489	843 817	1.37
汕头	SHANTOU	146 435	278 598	1.90
湛江	ZHANJIANG	9 890	25 127	2.54
中山	ZHONGSHAN	400 614	517 912	1.29
南宁	NANNING	35 590	58 838	1.65
桂林	GUILIN	450 213	891 755	1.98
北海	BEIHAI	7 848	16 740	2.13
海口	HAIKOU	214 742	331 226	1.54
三亚	SANYA	117 008	167 585	1.43
重庆	CHONGQING	261 189	713 280	2.73
成都	CHENGDU	182 113	715 779	3.93
贵阳	GUIYANG	43 674	79 898	1.83
昆明	KUNMING	508 116	824 728	1.62
拉萨	LHASA	31 355	92 216	2.94
西安	XI'AN	485 266	1 261 677	2.60
兰州	LANZHOU	41 736	81 477	1.95
西宁	XINING	7 023	12 784	1.82
银川	YINCHUAN	3 406	8 409	2.47
乌鲁木齐	URUMQI	86 986	247 208	2.84

1996 年总计 TOTAL 1996			1997 年比 1996 年增减 INCREASE		
人数 (人) ARRIVALS	人天数 (人天) NIGHTS	平均停留 (天) AVERAGE STAY	人数 (%) ARRIVAL	人天数 (%) NIGHTS	平均停留 (天) AVERAGE STAY
23 832	71 040	2.98	25.96	32.67	0.16
13 990	39 034	2.79	90.30	45.05	-0.66
64 548	134 235	2.08	37.93	26.11	-0.18
178 334	381 956	2.14	10.97	37.33	0.51
89 679	377 929	4.21	-1.18	-55.34	-2.31
108 237	224 671	2.08	-26.04	-47.82	-0.61
145 973	292 113	2.00	68.81	88.02	0.23
65 082	93 935	1.44	5.19	2.67	-0.03
209 838	483 522	2.30	47.27	25.62	-0.34
149 910	481 252	3.21	29.85	37.22	0.18
2 591 578	5 147 251	1.99	13.62	21.83	0.14
2 337 771	3 790 559	1.62	-3.24	-5.59	-0.04
461 931	660 577	1.43	33.03	27.74	-0.06
113 961	256 324	2.25	28.50	8.69	-0.35
11 019	26 149	2.37	-10.25	-3.91	0.17
268 259	378 702	1.41	49.34	36.76	-0.12
35 533	54 504	1.53	0.16	7.95	0.12
408 791	794 912	1.94	10.13	12.18	0.04
7 351	19 721	2.68	6.76	-15.12	-0.55
226 775	406 398	1.79	-5.31	-18.50	-0.25
62 976	79 338	1.26	85.80	111.23	0.17
-	-	-	-	-	-
122 250	284 298	2.33	48.97	151.73	1.60
44 581	77 633	1.74	-2.03	2.92	0.09
450 572	753 123	1.67	12.77	9.51	-0.05
49 603	140 017	2.82	-36.79	-34.14	0.12
459 508	1 037 820	2.26	5.61	21.57	0.34
39 035	78 385	2.01	6.92	3.94	-0.06
6 420	16 948	2.64	9.39	-24.57	-0.82
3 475	8 010	2.31	-1.99	4.98	0.16
62 442	132 945	2.13	39.31	85.95	0.71

5-5 1997年主要城市接待海外

BREAKDOWN OF INTERNATIONAL

城市名称 NAME OF CITY		外国人 FOREIGNERS			华 OVERSEAS
		人数（人） ARRIVALS	人天数（人天） NIGHTS	平均停留（天） AVERAGE STAY	人数（人） ARRIVALS
北京	BEIJING	1 868 570	6 882 974	3.68	26 456
天津	TIANJIN	230 957	843 380	3.65	2 213
石家庄	SHIJIAZHUANG	38 688	135 001	3.49	24
秦皇岛	QINHUANGDAO	86 699	262 441	3.03	690
承德	CHENGDE	96 433	137 754	1.43	941
太原	TAIYUAN	27 181	66 432	2.44	544
大同	DATONG	33 886	60 598	1.79	320
呼和浩特	HOHHOT	14 781	26 853	1.82	409
沈阳	SHENYANG	127 677	352 663	2.76	86
大连	DALIAN	157 103	715 094	4.55	6 628
长春	CHANGCHUN	26 562	77 176	2.91	87
吉林	JILIN	5 661	26 728	4.72	6
延边	YANBIAN	114 831	168 808	1.47	57
哈尔滨	HARBIN	85 006	155 416	1.83	74
上海	SHANGHAI	1 299 923	5 329 685	4.10	52 361
南京	NANJING	164 827	412 133	2.50	3 725
无锡	WUXI	117 226	273 831	2.34	985
苏州	SUZHOU	191 817	417 240	2.18	1 908
南通	NANTONG	75 813	218 159	2.88	227
连云港	LIANYUNGANG	3 490	17 250	4.94	10
杭州	HANGZHOU	288 949	633 474	2.19	10 060
宁波	NINGBO	47 653	117 159	2.46	1 957
温州	WENZHOU	13 121	52 494	4.00	8 656
合肥	HEFEI	16 024	49 578	3.09	475
黄山	HUANGSHAN	79 820	85 649	1.07	1 683
福州	FUZHOU	51 315	222 557	4.34	3 638
厦门	XIAMEN	184 986	792 213	4.28	4 706
泉州	QUANZHOU	22 335	50 073	2.24	27 893
漳州	ZHANGZHOU	7 874	29 824	3.79	251

旅游者情况(按外国人、华侨、港澳台同胞分)
TOURISTS TO MAJOR CITIES 1997

侨 CHINESE		港澳同胞 HONGKONG & MACAU			台湾同胞 TAIWAN PROVINCE		
人天数 (人天) NIGHTS	平均停留 (天) AVERAGE STAY	人 数 (人) ARRIVALS	人天数 (人天) NIGHTS	平均停留 (天) AVERAGE STAY	人 数 (人) ARRIVALS	人天数 (人天) NIGHTS	平均停留 (天) AVERAGE STAY
94 737	3.58	263 227	948 509	3.60	140 115	506 840	3.62
4 632	2.09	27 871	61 673	2.21	19 336	57 100	2.95
24	1.00	10 187	35 811	3.52	2 341	4 652	1.99
1 786	2.59	3 081	6 273	2.04	5 167	14 252	2.76
1 116	1.19	3 866	4 293	1.11	6 202	7 587	1.22
690	1.27	3 711	9 116	2.46	6 925	12 127	1.75
343	1.07	2 090	2 556	1.22	1 972	2 725	1.38
500	1.22	1 138	2 019	1.77	1 586	2 266	1.43
190	2.21	11 906	25 260	2.12	12 499	25 685	2.05
25 014	3.77	22 254	83 328	3.74	19 058	64 639	3.39
213	2.45	4 440	7 819	1.76	4 257	7 001	1.64
16	2.67	2 977	4 164	1.40	4 799	7 824	1.63
166	2.91	218	365	1.67	1 197	1 442	1.20
159	2.15	26 003	61 329	2.36	9 304	16 915	1.82
167 558	3.20	163 388	522 841	3.20	137 830	399 707	2.90
9 861	2.65	70 811	134 228	1.90	53 109	104 888	1.97
1 404	1.43	46 061	58 139	1.26	19 813	31 636	1.60
4 200	2.20	39 052	58 609	1.50	42 451	111 862	2.64
714	3.15	3 916	10 994	2.81	9 587	46 768	4.88
47	4.70	504	1 558	3.09	848	2 194	2.59
22 951	2.28	81 945	170 490	2.08	123 322	282 999	2.29
2 487	1.27	24 131	38 789	1.61	26 766	41 605	1.55
37 751	4.36	3 876	9 010	2.32	6 316	13 198	2.09
1 065	2.24	4 245	9 393	2.21	3 636	9 008	2.48
1 771	1.05	14 506	15 604	1.08	121 316	125 388	1.03
13 332	3.66	22 724	60 285	2.65	51 471	148 519	2.89
23 256	4.94	79 402	409 920	5.16	116 732	385 307	3.30
147 067	5.27	337 978	1 047 604	3.10	39 896	1 061 177	26.60
635	2.53	15 773	56 693	3.59	21 020	138 264	6.58

5-5 续表

城市名称 NAME OF CITY		外国人 FOREIGNERS			华 OVERSEAS
		人数 (人) ARRIVALS	人天数 (人天) NIGHTS	平均停留 (天) AVERAGE STAY	人数 (人) ARRIVALS
南昌	NANCHANG	13 012	46 963	3.61	422
九江	JIUJIANG	8 438	12 886	1.53	661
济南	JINAN	36 881	95 997	2.60	1 953
青岛	QINGDAO	125 197	340 876	2.72	2 887
烟台	YANTAI	61 752	103 395	1.67	5 250
威海	WEIHAI	55 500	83 530	1.51	941
郑州	ZHENGZHOU	83 275	174 564	2.10	1 661
洛阳	LUOYANG	55 097	77 969	1.42	1 589
武汉	WUHAN	184 508	375 707	2.04	6 016
长沙	CHANGSHA	87 157	364 086	4.18	3 109
广州	GUANGZHOU	636 189	1 711 348	2.69	187 518
深圳	SHENZHEN	395 597	686 660	1.74	8 467
珠海	ZHUHAI	59 414	114 902	1.93	1 107
汕头	SHANTOU	45 754	108 290	2.37	9 031
湛江	ZHANJIANG	3 087	10 666	3.46	289
中山	ZHONGSHAN	40 058	51 386	1.28	18 395
南宁	NANNING	20 905	31 311	1.50	2 565
桂林	GUILIN	293 783	559 085	1.90	1 734
北海	BEIHAI	2 792	6 884	2.47	7
海口	HAIKOU	43 419	82 042	1.89	1 832
三亚	SANYA	43 366	70 647	1.63	513
重庆	CHONGQING	155 692	400 485	2.57	773
成都	CHENGDU	100 212	401 724	4.01	2 666
贵阳	GUIYANG	25 221	45 862	1.82	24
昆明	KUNMING	325 538	543 785	1.67	1 108
拉萨	LHASA	28 962	86 126	2.97	42
西安	XI'AN	402 984	926 930	2.30	5 111
兰州	LANZHOU	31 026	65 954	2.13	150
西宁	XINING	5 005	9 114	1.82	0
银川	YINCHUAN	2 581	6 535	2.53	99
乌鲁木齐	URUMQI	78 862	222 862	2.83	0

侨 CHINESE		港澳同胞 HONG KONG & MACAU			台湾同胞 TAIWAN PROVINCE		
人天数 (人天) NIGHTS	平均停留 (天) AVERAGE STAY	人　数 (人) ARRIVALS	人天数 (人天) NIGHTS	平均停留 (天) AVERAGE STAY	人　数 (人) ARRIVALS	人天数 (人天) NIGHTS	平均停留 (天) AVERAGE STAY
780	1.85	6 201	13 058	2.11	10 383	33 446	3.22
704	1.07	8 363	11 530	1.38	9 161	31 500	3.44
2 264	1.16	36 482	49 360	1.35	13 713	21 659	1.58
8 011	2.77	42 258	106 333	2.52	27 548	69 325	2.52
9 243	1.76	10 385	16 329	1.57	11 235	39 830	3.55
9 641	10.25	1 146	2 448	2.14	22 465	22 465	1.00
3 724	2.24	52 431	122 987	2.35	109 052	247 945	2.27
1 963	1.24	5 499	7 656	1.39	6 274	8 855	1.41
6 920	1.15	36 937	80 562	2.18	81 571	144 202	1.77
5 482	1.76	61 976	164 009	2.65	42 422	126 786	2.99
442 542	2.36	1 827 004	3 453 038	1.89	293 741	663 855	2.26
12 758	1.51	1 658 461	2 579 262	1.56	199 394	299 916	1.50
1 445	1.31	436 114	566 694	1.30	117 854	160 776	1.36
13 531	1.50	81 867	137 129	1.68	9 783	19 648	2.01
759	2.63	4 926	10 459	2.12	1 588	3 243	2.04
19 725	1.07	301 518	387 392	1.28	40 643	59 409	1.46
6 588	2.57	8 762	14 415	1.65	3 358	6 524	1.94
3 789	2.19	64 148	134 818	2.10	90 548	194 063	2.14
9	1.29	3 506	6 907	1.97	1 543	2 940	1.91
3 377	1.84	78 240	110 221	1.41	91 251	135 586	1.49
568	1.11	49 890	69 438	1.39	23 239	26 932	1.16
2 552	3.30	32 435	86 478	2.67	72 289	223 765	3.10
2 666	1.00	24 216	86 734	3.58	55 019	224 655	4.08
62	2.58	7 548	14 411	1.91	10 881	19 563	1.80
5 391	4.87	54 982	91 844	1.67	126 488	183 708	1.45
150	3.57	656	1 737	2.65	1 695	4 203	2.48
22 180	4.34	26 278	65 385	2.49	50 893	247 182	4.86
316	2.11	4 361	6 807	1.56	6 199	8 400	1.36
0	-	480	1 162	2.42	1 538	2 508	1.63
292	2.95	246	562	2.28	480	1 020	2.13
0	-	3 158	10 285	3.26	4 966	14 061	2.83

5－6 1997年主要城市接待

FOREIGN TOURISTS BY MAJOR

城市名称 NAME OF CITY	合计 TOTAL	＃日本 JAPAN	＃韩国 KOREA	＃马来西亚 MALA－YSIA	＃菲律宾 PHILIP－PINES	＃新加坡 SINGA－PORE
北京 BEIJING	1 868 570	430 439	193 733	111 947	11 293	82 676
天津 TIANJIN	230 957	34 927	23 117	5 350	849	4 800
石家庄 SHIJIAZHUANG	38 688	7 684	1 360	750	438	1 408
秦皇岛 QINHUANGDAO	86 699	9 248	7 323	7 995	2 869	7 044
承德 CHENGDE	96 433	5 335	849	44 599	533	14 195
太原 TAIYUAN	27 181	7 974	1 174	1 061	461	3 172
大同 DATONG	33 886	19 544	877	377	53	659
呼和浩特 HOHHOT	14 781	7 714	619	623	187	512
沈阳 SHENYANG	127 677	19 900	63 512	1 516	270	2 464
大连 DALIAN	157 103	72 029	57 431	1 306	651	2 535
长春 CHANGCHUN	26 562	11 367	4 973	526	96	939
吉林 JILIN	5 661	1 137	945	647	66	1 222
延边 YANBIAN	114 831	1 848	98 277	68	3	155
哈尔滨 HARBIN	85 006	21 706	13 553	2 363	590	2 725
上海 SHANGHAI	1 299 923	599 690	98 271	47 103	36 849	53 013
南京 NANJING	164 827	45 757	6 269	30 793	961	13 152
无锡 WUXI	117 226	51 669	2 169	23 368	644	11 644
苏州 SUZHOU	191 817	67 798	14 042	15 561	760	10 404
南通 NANTONG	75 813	49 305	2 172	1 377	157	1 381
连云港 LIANYUNGANG	3 490	1 507	626	129	62	69
杭州 HANGZHOU	288 949	67 440	28 876	40 084	2 946	36 187
宁波 NINGBO	47 653	14 970	3 844	1 831	4 590	3 167
温州 WENZHOU	13 121	2 695	955	713	102	659
合肥 HEFEI	16 024	4 181	1 148	512	261	1 113
黄山 HUANGSHAN	79 820	15 789	6 749	8 870	1 023	20 088
福州 FUZHOU	51 315	15 064	1 657	8 349	1 049	7 795
厦门 XIAMEN	184 986	27 737	6 842	31 942	11 490	43 226
泉州 QUANZHOU	22 335	5 010	517	374	3 844	8 427
漳州 ZHANGZHOU	7 874	594	34	346	52	783

外国旅游者人数(按国籍分)
CITIES & NATIONALITY 1997

单　位:人
UNIT:PERSON

#泰　国 THAI-LAND	#美　国 UNITED STATES	#加拿大 CANADA	#英　国 UNITED KINGDOM	#法　国 FRANCE	#德　国 GERMANY	#俄罗斯 RUSSIA	#澳大利亚 AUS-TRALIA
31 384	216 813	40 762	90 402	65 158	91 305	65 207	43 486
650	11 161	2 089	3 077	2 002	3 015	1 882	1 872
382	3 762	1 292	739	611	582	1 255	2 169
4 366	4 913	1 255	3 573	2 571	1 962	10 377	1 292
1 230	2 508	816	10 030	2 768	1 082	746	1 131
543	3 654	735	782	1 003	1 413	675	804
46	1 803	103	657	2 600	1 371	7	105
421	870	178	251	359	327	37	158
546	4 012	941	1 074	2 003	1 493	23 330	809
358	4 384	1 182	1 218	988	1 690	2 816	1 001
374	1 487	332	438	315	2 105	521	273
173	204	51	89	28	183	28	28
77	532	53	96	3	162	1 460	31
2 177	4 201	2 402	1 310	2 521	1 433	22 849	933
15 593	124 055	19 264	32 822	39 082	53 281	4 749	28 965
1 525	14 775	3 210	6 544	3 374	7 739	574	3 290
859	6 967	905	2 558	951	5 762	297	1 728
1 966	17 004	2 017	6 626	11 163	5 364	126	2 401
366	11 964	1 014	1 387	293	1 948	92	519
20	151	32	53	205	94	36	23
10 041	25 588	4 793	5 482	7 505	11 795	607	6 482
973	4 382	972	1 372	993	1 415	300	1 128
135	1 317	187	192	757	595	231	253
257	2 101	481	665	372	1 129	19	409
3 316	8 041	532	536	1 561	880	10	1 630
482	6 007	851	970	678	890	118	848
1 424	15 663	1 801	2 546	1 224	3 605	136	5 507
83	813	152	403	213	245	34	109
107	155	17	22	51	33	7	39

5－6 续表

城市名称 NAME OF CITY		合 计 TOTAL	＃日 本 JAPAN	＃韩 国 KOREA	＃马来西亚 MALA－YSIA	＃菲律宾 PHILIP－PINES	＃新加坡 SINGA－PORE
南 昌	NANCHANG	13 012	4 598	394	346	108	508
九 江	JIUJIANG	8 438	3 191	328	385	92	741
济 南	JINAN	36 881	11 480	3 957	1 658	124	5 017
青 岛	QINGDAO	125 197	35 645	35 441	1 899	6 598	6 115
烟 台	YANTAI	61 752	13 778	18 074	627	3 513	2 204
威 海	WEIHAI	55 500	5 685	50 135	189	899	232
郑 州	ZHENGZHOU	83 275	19 114	3 641	3 536	1 448	3 640
洛 阳	LUOYANG	55 097	13 820	1 336	2 527	344	1 497
武 汉	WUHAN	184 508	59 819	2 421	5 673	1 886	5 312
长 沙	CHANGSHA	87 157	12 878	6 678	2 363	758	4 706
广 州	GUANGZHOU	636 189	83 668	13 046	51 465	7 542	25 279
深 圳	SHENZHEN	395 597	78 076	30 731	22 822	3 253	19 284
珠 海	ZHUHAI	59 414	18 457	1 619	6 462	822	2 540
汕 头	SHANTOU	45 754	3 845	1 583	4 950	172	6 926
湛 江	ZHANJIANG	3 087	475	169	134	74	218
中 山	ZHONGSHAN	40 058	15 902	1 076	1 232	288	1 053
南 宁	NANNING	20 905	1 834	160	608	78	452
桂 林	GUILIN	293 783	65 543	22 833	8 722	1 388	3 871
北 海	BEIHAI	2 792	475	88	113	26	131
海 口	HAIKOU	43 419	9 509	2 584	8 093	396	8 676
三 亚	SANYA	43 366	16 773	7 822	4 037	102	2 986
重 庆	CHONGQING	155 692	26 401	3 209	4 710	365	11 820
成 都	CHENGDU	100 212	70 413	2 795	7 784	1 044	8 767
贵 阳	GUIYANG	25 221	2 905	350	10 541	292	4 688
昆 明	KUNMING	325 538	40 555	6 029	40 587	3 137	48 927
拉 萨	LHASA	28 962	4 786	709	382	9	473
西 安	XI'AN	402 984	143 328	19 644	6 473	926	4 582
兰 州	LANZHOU	31 026	9 656	1 086	1 363	133	1 476
西 宁	XINING	5 005	1 505	55	82	3	188
银 川	YINCHUAN	2 581	1 209	96	58	1	92
乌鲁木齐	URUMQI	78 862	11 001	937	1 198	114	909

#泰　国 THAI- LAND	#美　国 UNITED STATES	#加拿大 CANADA	#英　国 UNITED KINGDOM	#法　国 FRANCE	#德　国 GERMANY	#俄罗斯 RUSSIA	#澳大利亚 AUS- TRALIA
135	3 014	582	873	270	331	28	258
119	484	95	616	40	1 159	29	250
264	4 092	1 193	946	886	2 001	265	521
559	6 640	1 030	1 879	1 540	3 017	3 049	1 229
243	3 537	1 068	317	269	589	1 629	439
70	835	225	255	198	588	202	203
1 337	5 771	1 794	3 252	3 214	1 898	3 725	1 420
527	2 928	1 372	2 169	3 516	5 933	232	1 559
1 982	24 488	2 285	3 415	6 354	7 520	298	1 734
1 181	11 938	4 543	3 113	1 716	2 031	4 877	6 878
10 606	55 042	16 829	20 017	18 456	14 494	3 587	14 168
6 117	32 260	6 048	8 919	4 659	4 741	1 934	5 394
482	5 767	1 353	1 519	1 043	2 580	362	1 213
18 736	2 306	795	504	719	507	150	764
39	540	124	208	124	142	25	129
264	4 681	2 960	2 653	500	1 093	119	892
470	2 129	655	718	1 471	1 521	4	546
2 189	36 130	4 960	11 817	21 393	18 702	476	5 845
91	409	118	99	63	40	0	83
1 909	2 249	828	669	614	949	330	517
459	2 075	207	327	204	1 192	356	130
9 030	12 397	2 311	4 042	3 484	4 055	657	2 143
2 869	24 475	2 468	3 511	7 938	6 577	110	2 047
762	2 046	363	467	604	332	9	282
49 522	26 966	3 843	14 624	6 132	13 629	233	6 068
188	5 470	636	1 654	1 700	3 365	63	798
1 482	54 794	6 110	26 293	23 624	24 296	607	7 612
153	2 855	670	1 533	2 100	2 737	34	866
3	506	170	163	356	321	77	47
3	280	85	118	57	184	2	54
208	3 880	507	819	1 478	440	41 398	549

六、旅游涉外饭店基本情况

6. STATISTICS OF HOTELS

6-1 1997年全国旅游涉外饭店

BREAKDOWN OF HOTELS BY ECONOMIC

饭店经济类型、规模和星级 ECONOMIC TYPE, CAPACITY & STAR-RATED		饭店数（座） NO. OF HOTELS	房间数（间） NO. OF ROOMS	床位数（张） NO. OF BEDS
一、饭店经济类型	ECONOMIC TYPE			
合　计	**TOTAL**	**5 201**	**701 736**	**1 411 708**
国有经济	STATE-OWNED	3 343	421 800	872 645
集体经济	COLLECTIVE	726	59 821	123 492
私营经济	PRIVATE	97	6 265	12 210
联营经济	ALLIANCE	78	9 142	19 697
股份制经济	STOCK	223	26 430	52 536
外商投资经济	FOREIGN-INVESTED	464	83 860	150 838
港澳台投资经济	H.K., MACAU, TAIWAN INVESTED	270	94 418	180 290
二、饭店规模	CAPACITY			
合　计	**TOTAL**	**5 201**	**701 736**	**1 411 708**
客房数500间以上	ROOMS OVER 500	96	141 500	274 620
客房数300-499间	ROOMS BETWEEN 300-499	267	99 268	185 147
客房数200-299间	ROOMS BETWEEN 200-299	464	111 620	219 137
客房数100-199间	ROOMS BETWEEN 100-199	1 519	210 736	438 222
客房数99间以下	ROOMS UNDER 99	2 855	138 612	294 582
三、饭店星级	STAR-RATED HOTEL			
合　计	**TOTAL**	**5 201**	**701 736**	**1 411 708**
星级饭店小计	STAR-RATED HOTEL	2 724	403 570	796 038
五星级	5 STAR	57	29 131	49 591
四星级	4 STAR	157	54 036	96 802
三星级	3 STAR	895	157 312	305 925
二星级	2 STAR	1 339	143 656	301 024
一星级	1 STAR	276	19 435	42 696
未评星级饭店	NO STAR	2 477	298 166	615 670

基本情况(按经济类型、规模和星级分)

TYPE CAPACITY, STAR－RATED & FINANCE 1997

客房出租率（%） ROOM OCCU－PANCY (%)	营业收入 (万元) TOTAL REVENUE (0000 RMB¥)	利润总额 (万元) PROFIT (0000 RMB¥)	固定资产 (万元) FIXED ASSETS (0000 RMB¥)
53.78	**8 123 591.86**	**81 398.18**	**18 617 322.65**
52.43	3 691 317.86	－58 855.83	8 477 119.04
50.24	449 243.65	－44 073.57	1 184 647.75
50.11	66 270.00	－9 243.57	157 574.64
50.86	107 481.42	－10 202.91	327 315.50
54.05	296 096.90	4 562.09	976 734.87
58.12	2 115 284.01	127 752.37	5 009 666.37
59.57	1 397 898.02	71 459.60	2 484 264.48
53.78	**8 123 591.86**	**81 398.18**	**18 617 322.65**
60.38	1 935 263.50	318 836.55	3 190 817.86
57.91	1 489 279.46	－15 937.73	3 870 355.22
54.67	1 439 086.10	－54 833.24	3 281 894.24
51.62	1 743 725.70	－123 774.35	4 554 472.68
49.90	1 516 237.10	－42 893.05	3 719 782.65
53.78	**8 123 591.86**	**81 398.18**	**18 617 322.65**
56.08	5 623 086.93	145 896.80	12 174 343.40
62.92	1 195 415.07	180 259.12	2 424 810.54
61.04	1 341 127.22	36 384.31	2 849 538.79
56.86	2 071 722.11	－33 400.81	4 594 800.80
52.69	931 569.99	－34 181.68	2 134 381.27
48.61	83 252.54	－3 164.14	170 812.00
50.38	2 500 504.93	－64 498.62	6 442 979.25

6-2 1997年全国旅游涉外饭店

BREAKDOWN OF HOTELS, ROOMS,

地　区 LOCALITY		饭店数（座） NUMBER OF HOTELS	房间数（间） NUMBER OF ROOMS	床位数（张） NUMBER OF BEDS
总　计	**TOTAL**	**5 201**	**701 736**	**1 411 708**
北　京	BEIJING	338	58 526	107 379
天　津	TIANJIN	77	10 037	19 088
河　北	HEBEI	118	15 565	32 991
山　西	SHANXI	63	7 834	16 447
内蒙古	INNER MONGOLIA	47	5 276	11 666
辽　宁	LIAONING	218	27 594	52 318
吉　林	JILIN	102	10 616	21 731
黑龙江	HEILONGJIANG	121	11 844	25 658
上　海	SHANGHAI	127	30 763	55 118
江　苏	JIANGSU	342	39 496	77 227
浙　江	ZHEJIANG	297	35 731	69 518
安　徽	ANHUI	174	16 532	37 566
福　建	FUJIAN	151	18 600	36 399
江　西	JIANGXI	61	8 120	16 810
山　东	SHANGDONG	306	33 941	68 621
河　南	HENAN	101	15 406	33 472
湖　北	HUBEI	225	23 592	49 230
湖　南	HUNAN	148	12 857	28 085
广　东	GUANGDONG	1 114	193 543	385 752
广　西	GUANGXI	168	22 108	44 652
海　南	HAINAN	183	19 004	36 776
重　庆	CHONGQING	48	5 740	14 775
四　川	SICHUAN	165	22 380	46 225
贵　州	GUIZHOU	45	6 361	14 962
云　南	YUNNAN	190	14 883	32 562
西　藏	TIBET	26	2 392	5 145
陕　西	SHAANXI	72	12 072	25 461
甘　肃	GANSU	38	5 618	11 738
青　海	QINGHAI	13	1 685	3 533
宁　夏	NINGXIA	20	2 124	4 571
新　疆	XINJIANG	103	11 496	26 232

基本情况(按地区分)
OCCUPANCIES & FINANCE BY LOCALITY 1997

客房出租率 (%) ROOM OCCU-PANCY (%)	营业收入 (万元) TOTAL REVENUE (0000 RMB¥)	利润总额 (万元) PROFIT (0000 RMB¥)	固定资产 (万元) FIXED ASSETS (0000 RMB¥)
53.78	**8 123 591.86**	**81 398.18**	**18 617 322.65**
59.37	1 447 905.72	175 312.68	3 659 911.75
46.87	133 336.24	-4 290.82	268 064.88
44.52	124 362.14	2 224.54	225 180.99
51.75	46 769.40	-770.19	102 388.13
55.07	32 000.29	-691.97	49 844.90
52.20	265 682.22	-31 556.32	956 621.73
46.17	83 519.97	-26 429.49	377 986.77
46.02	39 029.70	-2 445.51	232 704.88
62.58	699 143.86	68 592.28	1 464 047.09
51.16	494 055.33	-13 969.85	1 094 632.56
55.21	510 761.26	-2 446.28	974 019.12
48.15	108 116.80	-1 472.75	255 928.63
53.88	206 768.85	-7 477.86	450 583.13
52.64	53 575.48	-149.13	100 274.29
44.44	313 688.10	-38 595.00	773 969.32
61.77	105 886.14	1 358.69	150 217.28
52.61	199 606.34	-2 459.38	482 649.04
53.14	119 011.86	2 041.29	185 645.25
57.01	2 318 140.03	90 904.43	3 902 559.21
51.14	145 508.63	-42 095.41	470 329.63
47.68	122 317.30	-45 531.13	586 886.27
51.31	74 635.94	-274.00	152 778.20
49.32	135 542.36	-2 736.48	811 960.15
61.55	36 259.33	-109.30	92 867.76
55.19	102 884.37	-1 044.09	204 665.04
34.33	12 503.56	1 128.98	55 357.87
55.93	89 681.29	-28 650.18	273 850.40
58.67	33 939.67	-1 370.78	114 065.04
50.40	9 963.97	-2 169.81	30 570.12
42.32	9 530.72	-564.21	21 161.57
46.45	49 473.99	-2 864.77	95 601.65

6-3 1997年全国各地区旅游

NUMBER OF HOTELS BY

地　区 LOCALITY	饭店经济类型 ECONOMIC TYPE 总　计 TOTAL	国有经济 STATE-OWNED	集体经济 COLLEC-TIVE	私营经济 PRIVATE	联营经济 ALLIANCE	股份制经济 STOCK
总　计 TOTAL	**5 201**	**3 343**	**726**	**97**	**78**	**223**
北　京 BEIJING	338	172	55	2	1	27
天　津 TIANJIN	77	39	11	1	0	1
河　北 HEBEI	118	115	1	0	0	0
山　西 SHANXI	63	47	10	1	0	5
内蒙古 INNER MONGOLIA	47	39	5	0	0	0
辽　宁 LIAONING	218	124	25	2	1	8
吉　林 JILIN	102	78	4	1	0	1
黑龙江 HEILONGJIANG	121	100	8	2	3	3
上　海 SHANGHAI	127	81	8	0	5	8
江　苏 JIANGSU	342	257	40	1	2	11
浙　江 ZHEJIANG	297	158	57	5	7	39
安　徽 ANHUI	174	127	16	2	3	6
福　建 FUJIAN	151	82	14	5	5	3
江　西 JIANGXI	61	52	2	0	0	1
山　东 SHANDONG	306	236	25	3	1	8
河　南 HENAN	101	88	7	0	2	3
湖　北 HUBEI	225	173	15	2	0	18
湖　南 HUNAN	148	112	22	0	0	2
广　东 GUANGDONG	1 114	558	242	47	27	19
广　西 GUANGXI	168	100	18	1	1	12
海　南 HAINAN	183	58	39	9	15	29
重　庆 CHONGQING	48	38	3	1	0	0
四　川 SICHUAN	165	132	13	3	1	9
贵　州 GUIZHOU	45	41	1	0	0	0
云　南 YUNNAN	190	122	52	6	2	3
西　藏 TIBET	26	12	13	1	0	0
陕　西 SHAANXI	72	50	6	1	2	6
甘　肃 GANSU	38	36	0	0	0	0
青　海 QINGHAI	13	12	1	0	0	0
宁　夏 NINGXIA	20	19	0	0	0	0
新　疆 XINJIANG	103	85	13	1	0	1

涉外饭店数(按经济类型和规模分)

ECONOMIC TYPE & CAPACITY 1997

单　位:座

UNIT:NUMBER

外商投资经济 FOREIGN INVESTED	港澳台投资经济 H.K., MACAU, TAIWAN INVESTED	饭店规模 CAPACITY				
		客房数500以上 ROOMS OVER 500	客房数300－499 ROOMS BETWEEN 300－499	客房数200－299 ROOMS BETWEEN 200－299	客房数100－199 ROOMS BETWEEN 100－199	客房数99以下 ROOMS UNDER 99
464	**270**	**96**	**267**	**464**	**1 519**	**2 855**
81	0	21	45	40	69	163
25	0	1	4	9	25	38
2	0	3	4	13	47	51
0	0	0	3	3	29	28
2	1	0	3	4	10	30
26	32	3	12	19	70	114
16	2	0	6	6	29	61
4	1	0	4	11	29	77
11	14	14	20	23	52	18
16	15	1	15	23	129	174
18	13	4	9	26	113	145
12	8	0	2	6	60	106
19	23	1	6	23	45	76
0	6	0	2	10	26	23
24	9	2	11	25	89	179
1	0	8	4	11	23	55
6	11	0	6	16	80	123
6	6	0	4	12	38	94
118	103	25	43	91	227	728
22	14	1	15	21	42	89
28	5	0	10	18	47	108
6	0	0	3	8	18	19
4	3	2	9	20	71	63
3	0	2	3	1	12	27
4	1	0	4	6	53	127
0	0	2	1	0	4	19
4	3	5	10	7	15	35
2	0	1	5	3	12	17
0	0	0	2	1	1	9
1	0	0	0	2	6	12
3	0	0	2	6	48	47

6-4 1996—1997年全国旅游涉外
HOTEL ROOMS & OCCUPANCIES

城市名称 NAME OF CITY		饭店名称 NAME OF HOTEL	饭店数(座) NUMBER OF HOTELS 1997年 1997	1996年 1996	增减 INCREASE
全国总计	**TOTAL**		**5 201**	**4 418**	**783**
北京	BEIJING		338	285	53
#	OF WHICH	王府饭店 PALACE			
		中国大饭店 CHINA			
		贵宾楼饭店 GRAND			
		香格里拉饭店 SHANGRI-LA			
		长富宫饭店 CHANGFUGONG			
		丽都饭店 LIDU			
		长城饭店 GREAT WALL			
		北京饭店 BEIJING			
		京广中心 JING GUANG			
		昆仑饭店 KUNLUN			
		国际饭店 INTERNATIONAL			
		国贸饭店 TRADE			
		建国饭店 JIANGUO			
		京伦饭店 JINGLUN			
		友谊宾馆 FRIENDSHIP			
		西苑饭店 XIYUAN			
		兆龙饭店 ZHAOLONG			
		民族饭店 MINZU			
天津	TIANJIN		77	64	13
#	OF WHICH	天津宾馆 TIANJIN			
		利顺德大饭店 ASTOR			
		凯悦饭店 HYATT			
		水晶宫饭店 CRYSTAL			
		喜来登大酒店 SHERATON			
石家庄	SHIJIAZHUANG		16	9	7
#	OF WHICH	河北宾馆 HEBEI			
		国际大厦 INTERNATIONAL			
秦皇岛	QINHUANGDAO		26	26	0
#	OF WHICH	金山宾馆 JINSHAN			

饭店基本情况(按城市分)
IN EACH CITY 1996－1997

客房数(间) NUMBER OF ROOMS			床位数(张) NUMBER OF BEDS			客房出租率(%) ROOM OCCUPANCY (%)	
1997年 1997	1996年 1996	增 减 INCREASE	1997年 1997	1996年 1996	增 减 INCREASE	1997年 1997	1996年 1996
701 736	**593 696**	**108 040**	**1 411 708**	**1 199 714**	**211 994**	**53.8**	**55.3**
58 526	58 143	383	107 379	108 224	－845	59.4	63.2
530	574	－44	849	708	141	59.5	66.3
738	739	－1	1 365	1 367	－2	62.7	66.1
207	206	1	385	385	0	59.1	64.1
716	716	0	1 136	1 136	0	62.7	63.7
500	500	0	920	920	0	63.3	66.3
991	991	0	1 459	1 449	10	82.9	87.0
840	840	0	1 356	1 452	－96	78.8	78.5
876	876	0	1 742	1 742	0	66.1	55.7
446	446	0	689	707	－18	67.0	66.0
698	906	－208	1 291	1 008	283	51.5	59.2
1 164	1 036	128	2 153	2 096	57	47.2	59.3
564	567	－3	733	1 049	－311	66.7	74.9
461	461	0	649	649	0	77.9	71.9
656	656	0	1 100	1 312	－212	74.5	72.3
1 829	1 829	0	3 658	3 658	0	47.9	52.7
1 300	1 358	－58	1 900	2 600	－700	74.6	79.2
267	267	0	516	444	72	69.5	72.0
495	600	－105	916	1 200	－284	66.2	67.5
10 037	8 712	1 325	19 088	17 421	1 667	46.9	48.5
643	627	16	1 274	1 244	30	41.2	38.9
217	211	6	376	406	－30	52.8	59.8
425	440	－15	505	588	－83	58.0	55.9
341	330	11	682	660	22	78.6	64.1
294	292	2	378	378	0	79.0	82.0
2 793	1 518	1 275	5 498	3 075	2 423	56.1	61.8
216	189	27	430	278	52	65.6	66.4
240	240	0	480	480	0	68.0	75.5
4 038	4 010	28	8 573	8 233	340	34.3	33.6
212	202	10	414	414	0	31.0	51.0

6-4 续表 1

城市名称 NAME OF CITY		饭店名称 NAME OF HOTEL	饭店数(座) NUMBER OF HOTELS 1997年 1997	1996年 1996	增减 INCREASE
承德	CHENGDE		11	10	1
#	OF WHICH	承德宾馆 CHENGDE			
		云山饭店 YUNSHAN			
太原	TAIYUAN		18	14	4
#	OF WHICH	山西大酒店 SHANXI			
		并州饭店 BINGZHOU			
大同	DATONG		8	5	3
#	OF WHICH	大同宾馆 DATONG			
呼和浩特	HOHHOT		14	13	1
#	OF WHICH	昭君大酒店 ZHAOJUN			
		内蒙古饭店 INNER MONGOLIA			
沈阳	SHENYANG		66	38	28
#	OF WHICH	凤凰饭店 PHOENIX			
		沈阳玫瑰大酒店 ROSE			
大连	DALIAN		75	69	6
#	OF WHICH	九州假日饭店 HOLIDAYINN			
		南山宾馆 SOUTH HILL			
		棒棰岛宾馆 BANGCHUI ISLAND			
		富丽华大酒店 FURAMA			
长春	CHANGCHUN		26	22	4
#	OF WHICH	长白山宾馆 CHANGBAISHAN			
		长春宾馆 CHANGCHUN			
吉林	JILIN		17	12	5
#	OF WHICH	东关宾馆 DONGGUAN			
延边	YANBIAN		35	24	11
#	OF WHICH	白山大厦 BAISHAN			
哈尔滨	HARBIN		42	30	12
#	OF WHICH	华侨饭店 OVERSEAS CHINESE			
		天鹅饭店 SWAN			
上海	SHANGHAI		127	125	2
#	OF WHICH	花园饭店 GARDEN			
		静安希尔顿大酒店 HILTON			
		波特曼香格里拉酒店 PORTMAN SHANGRI-LA			
		锦沧文化大酒店 MANDARIN			
		新锦江大酒店 JINJIANG TOWER			
		锦江饭店 JINJIANG			
		和平饭店 PEACE			
		虹桥宾馆 HONGQIAO			
		华亭宾馆 HUATING			
		上海宾馆 SHANGHAI			

客房数(间) NUMBER OF ROOMS			床位数(张) NUMBER OF BEDS			客房出租率(%) ROOM OCCUPANCY (%)	
1997年 1997	1996年 1996	增 减 INCREASE	1997年 1997	1996年 1996	增 减 INCREASE	1997年 1997	1996年 1996
1 490	1 403	87	3 124	3 180	-56	41.9	37.7
52	154	-102	116	335	-219	31.5	46.4
219	219	0	440	438	2	35.8	43.5
2 807	2 384	423	5 702	4 896	806	56.5	52.5
164	164	0	272	272	0	66.5	62.6
326	326	0	662	662	0	56.8	48.2
815	555	260	1 718	1 148	570	51.5	60.2
180	180	0	365	365	0	53.2	60.3
1 767	1 482	285	3 698	2 991	707	57.8	67.3
250	255	-5	500	450	50	63.4	69.1
247	248	-1	494	513	-19	71.2	73.9
7 849	5 738	2 111	14 723	10 431	4 292	48.8	50.7
235	235	0	440	440	0	43.0	50.6
136	160	-24	256	297	-41	52.9	52.6
11 277	9 706	1 571	19 848	17 685	2 163	60.4	63.1
405	165	240	596	640	-44	60.3	63.6
97	224	-127	194	448	-254	60.3	54.7
275	266	9	517	516	1	54.9	50.7
778	778	0	850	850	0	51.8	63.9
4 237	4 148	89	8 124	9 219	-1 095	50.2	55.7
269	269	0	538	538	0	49.0	57.6
260	258	2	511	508	3	75.2	58.5
1 540	1 213	327	3 210	2 563	647	47.5	51.3
170	173	-3	350	370	-20	28.5	46.4
3 126	2 430	696	6 377	5 064	1 313	40.7	35.8
263	264	-1	522	537	-15	44.8	46.3
5 981	4 104	1 877	12 562	8 902	3 660	49.7	47.3
321	312	9	656	656	0	54.2	43.6
240	250	-10	460	500	-40	52.1	56.0
30 763	30 388	375	55 118	55 956	838	62.6	65.0
500	500	0	880	880	0	74.2	76.7
772	775	-3	1 000	1 195	-195	69.3	62.3
600	600	0	769	1 080	-311	75.4	76.5
513	513	0	786	786	0	63.2	64.4
640	728	-88	1 050	1 067	-17	64.7	62.9
534	515	19	1 030	1 030	0	70.8	71.1
415	414	1	803	804	-1	54.8	57.8
634	630	4	1 142	1 179	-37	71.1	68.6
770	770	0	1 260	1 411	-151	53.7	61.7
571	565	6	1 032	1 113	-81	62.3	61.6

6-4 续表 2

城市名称 NAME OF CITY		饭店名称 NAME OF HOTEL	饭店数(座) NUMBER OF HOTELS 1997年 1997	1996年 1996	增减 INCREASE
南京	NANJING		103	86	17
#	OF WHICH	南京饭店 NANJING			
		丁山宾馆 DINGSHAN			
		金陵饭店 JIN LING			
		中心大酒店 CENTRAL			
		玄武饭店 XUAN WU			
无锡	WUXI		52	42	10
#	OF WHICH	湖滨饭店 HUBIN			
		无锡大饭店 WUXI			
苏州	SUZHOU		59	42	17
#	OF WHICH	苏州饭店 SUZHOU			
		南林饭店 NANLIN			
		竹辉饭店 BAMBOO GROVE			
南通	NANTONG		16	16	0
#	OF WHICH	南通大饭店 NANTONG			
连云港	LIANYUNGANG		16	18	-2
#	OF WHICH	神州宾馆 SHENZHOU			
		天然居宾馆 TIAN RAN JU			
杭州	HANGZHOU		77	59	18
#	OF WHICH	香格里拉饭店 SHANGRI-LA			
		友好饭店 FRIENDSHIP			
		望湖宾馆 WANGHU			
		华侨饭店 HUAQIAO			
		黄龙饭店 HUANGLONG			
宁波	NINGBO		48	46	2
#	OF WHICH	亚洲华园宾馆 ASIA GARDEN			
		宁波饭店 NINGBO			
温州	WENZHOU		30	27	3
#	OF WHICH	华侨饭店 HUAQIAO			
合肥	HEFEI		13	12	1
#	OF WHICH	安徽饭店 ANHUI			
黄山	HUANGSHAN		43	35	8
#	OF WHICH	西海饭店 XIHAI			
		桃源宾馆 TAOYUAN			
福州	FUZHOU		32	36	-4
#	OF WHICH	东湖宾馆 EAST LAKE			
		温泉大酒店 WENQUAN			
		闽江饭店 MINJIANG			
		外贸中心酒店 FOREIGN TRADE			
厦门	XIAMEN		70	61	9

客房数(间) NUMBER OF ROOMS			床位数(张) NUMBER OF BEDS			客房出租率(%) ROOM OCCUPANCY (%)	
1997年 1997	1996年 1996	增 减 INCREASE	1997年 1997	1996年 1996	增 减 INCREASE	1997年 1997	1996年 1996
12 214	9 975	2 239	23 087	19 543	3 544	53.6	57.5
306	306	0	425	497	-72	50.1	58.6
119	248	-129	215	560	-345	65.4	54.7
600	600	0	902	902	0	68.5	64.2
327	340	-13	650	680	-30	65.7	68.8
377	378	-1	696	722	-26	58.7	50.5
6 519	5 363	1 156	12 312	10 537	1 775	50.8	53.7
363	375	-12	726	740	-14	59.7	62.4
386	386	0	534	646	-112	57.8	62.7
6 538	5 307	1 231	12 775	10 535	2 240	51.4	59.6
306	318	-12	599	636	-37	50.3	63.1
252	249	3	500	496	4	57.9	66.0
352	352	0	630	630	0	66.5	71.4
2 732	2 540	192	5 348	4 868	480	57.6	57.3
280	280	0	480	480	0	57.0	57.0
1 154	1 153	1	2 362	2 394	-32	44.4	43.4
92	92	0	159	159	0	39.7	38.5
105	105	0	197	197	0	45.5	47.2
12 781	10 752	2 029	24 148	20 442	3 706	58.2	58.9
387	387	0	774	774	0	73.2	64.7
222	224	-2	352	400	-48	73.4	74.0
413	404	9	706	808	-102	66.2	74.0
245	245	0	450	450	0	59.9	69.5
555	555	0	1 045	1 045	0	55.7	56.9
5 460	4 742	718	10 580	9 231	1 349	57.3	62.9
170	170	0	297	267	0	54.1	68.9
102	103	-1	204	204	0	75.8	62.7
3 322	3 015	307	6 303	5 794	509	67.0	68.0
216	216	0	391	388	3	88.4	93.7
2 127	2 068	59	4 479	4 231	248	62.6	63.1
427	433	-6	800	837	-37	63.5	67.0
4 147	3 698	449	10 267	8 605	1 662	40.1	37.8
128	126	2	256	252	4	54.5	38.6
147	147	0	300	300	0	64.2	34.8
5 275	5 665	-390	10 115	10 841	-726	56.4	57.8
291	291	0	569	569	0	48.1	56.8
304	304	0	551	551	0	48.9	47.4
308	399	-91	697	697	0	51.5	52.3
257	157	100	345	235	110	54.8	59.0
8 041	7 140	901	15 872	14 225	1 647	50.4	52.9

6－4 续表 3

城市名称 NAME OF CITY		饭店名称 NAME OF HOTEL	饭店数(座) NUMBER OF HOTELS 1997年 1997	1996年 1996	增减 INCREASE
	# OF WHICH	海景大酒店 HARBOUR VIEW			
		华侨大厦 HUAQIAO			
		鹭江宾馆 LUJIANG			
		悦华酒店 MANDARIN			
泉州	QUANZHOU		16	10	6
	# OF WHICH	华侨大厦 HUA QIAO			
漳州	ZHANGZHOU		7	11	－4
	# OF WHICH	漳州宾馆 ZHANGZHOU			
南昌	NANCHANG		23	21	2
	# OF WHICH	江西宾馆 JIANGXI			
九江	JIUJIANG		13	16	－3
	# OF WHICH	南湖宾馆 SOUTH LAKE			
济南	JINAN		38	30	8
	# OF WHICH	齐鲁宾馆 QILU			
青岛	QINGDAO		70	52	18
	# OF WHICH	汇泉王朝大酒店 HUIQUAN			
		海天大酒店 HAITIAN			
烟台	YANTAI		73	32	41
	# OF WHICH	芝罘宾馆 ZHIFU			
威海	WEIHAI		39	37	2
	# OF WHICH	威海卫大厦 WEIHAI WEI			
郑州	ZHENGZHOU		36	35	1
	# OF WHICH	国际饭店 INTERNATIONAL			
		中州宾馆 ZHONGZHOU			
洛阳	LUOYANG		13	13	0
	# OF WHICH	友谊宾馆 FRIENDSHIP			
武汉	WUHAN		63	51	12
	# OF WHICH	长江大酒店 CHANGJIANG			
		蓝天宾馆 LIANTIAN			
长沙	CHANGSHA		33	32	1
	# OF WHICH	华天大酒店 HUATIAN			
		芙蓉宾馆 FURONG			
		湘江宾馆 XIANGJIANG			
广州	GUANGZHOU		291	228	63
	# OF WHICH	白天鹅宾馆 WHITE SWAN			
		中国大酒店 CHINA			
		花园酒店 GARDEN			
		东方宾馆 DONGFANG			
		白云宾馆 BAIYUN			
		华侨酒店 HUAQIAO			

客房数(间) NUMBER OF ROOMS			床位数(张) NUMBER OF BEDS			客房出租率(%) ROOM OCCUPANCY (%)	
1997 年 1997	1996 年 1996	增 减 INCREASE	1997 年 1997	1996 年 1996	增 减 INCREASE	1997 年 1997	1996 年 1996
338	338	0	565	565	0	73.2	79.2
235	235	0	482	482	0	26.6	45.2
129	130	-1	240	240	0	74.3	78.0
208	207	1	341	394	-53	64.0	63.8
1 965	1 169	796	3 721	2 175	1 546	56.8	56.5
235	245	-10	457	481	-24	69.3	67.7
1 064	1 414	-350	2 095	2 809	-714	62.2	59.7
295	292	3	457	579	-122	69.3	65.9
3 809	2 878	931	7 667	5 866	1 801	55.1	54.4
247	247	0	445	445	0	53.9	55.6
1 470	652	818	3 005	1 420	1 585	49.1	48.1
133	133	0	265	265	0	32.8	33.4
4 728	3 839	889	9 450	7 472	1 978	51.6	51.7
229	220	9	484	440	44	58.5	61.8
9 282	7 262	2 020	1 874	14 686	4 055	49.3	52.3
420	416	4	840	832	8	44.3	58.4
606	628	-22	1 200	1 200	0	58.7	69.6
6 798	2 885	3 913	14 084	5 743	8 341	35.8	49.7
119	112	7	221	243	-22	25.4	40.0
3 493	3 141	352	7 031	6 322	709	38.9	39.3
194	194	0	367	360	7	55.3	58.4
4 016	4 533	-517	8 117	9 311	-1 194	61.8	54.9
250	250	0	475	470	5	64.6	67.3
260	149	111	520	298	222	82.0	66.1
1 622	1 208	414	3 250	2 442	808	62.0	64.7
121	121	0	252	271	-19	74.6	78.1
8 536	7 347	1 189	16 727	14 265	2 462	59.1	65.0
188	204	-16	311	310	1	58.4	73.8
290	277	13	561	539	22	81.9	76.9
4 417	5 692	-1 275	9 017	11 329	-2 312	58.3	58.7
289	296	-7	433	428	5	67.5	59.6
251	251	0	401	401	0	60.6	55.0
304	300	4	854	600	254	72.3	73.0
119 866	72 623	47 243	238 393	146 302	92 091	61.1	63.4
843	843	0	1 600	1 600	0	76.5	81.7
1 013	855	158	2 026	1 710	316	56.5	62.9
957	900	57	1 029	1 453	-424	72.7	79.6
1 066	1 089	-23	2 132	2 178	-46	64.1	64.6
792	793	-1	1 554	1 554	0	66.5	65.5
393	396	-3	778	792	-14	77.6	67.8

6－4 续表 4

城市名称 NAME OF CITY			饭店名称 NAME OF HOTEL	饭店数(座) NUMBER OF HOTELS 1997年 1997	1996年 1996	增减 INCREASE
			广州宾馆 GUANGZHOU			
			远洋宾馆 YUANYANG			
			流花宾馆 LIUHUA			
			南湖宾馆 SOUTH LAKE			
			国际大酒店 INTERNATIONAL			
深	圳	SHENZHEN		243	248	－5
	＃	OF WHICH	香格里拉大酒店 SHANGRI－LA			
			新都酒店 CENTURY PLAZA			
			晶都酒店 ORIENTAL REGENT			
			西丽湖度假村 XILILAKE			
			香蜜湖度假村 HONEY LAKE			
			深圳湾大酒店 SHENZHEN BAY			
			银湖旅游中心 SILVER LAKE			
			石岩湖度假村 SHIYAN LAKE			
			金碧酒店 GOLDEN LUSTRE			
珠	海	ZHUHAI		40	39	1
	＃	OF WHICH	珠海宾馆 ZHUHAI			
			石景山旅游中心 SHIJINGSHAN			
			拱北宾馆 GONGBEI			
			珠海度假村 ZHUHAI			
汕	头	SHANTOU		31	36	－5
	＃	OF WHICH	国际大酒店 INTERNATIONAL			
			龙湖宾馆 LONGHU			
湛	江	ZHANJIANG		33	21	12
	＃	OF WHICH	广州湾华侨酒店 CANTON BAY			
			环球大酒店 UNIVERSAL			
中	山	ZHONGSHAN		32	13	19
	＃	OF WHICH	富华酒店 FUHUA			
			国际酒店 INTERNATIONAL			
			中山温泉 HOT SPRING			
南	宁	NANNING		18	14	4
	＃	OF WHICH	邕江饭店 YONGJIANG			
			西园饭店 XIYUAN			
桂	林	GUILIN		28	30	－2
	＃	OF WHICH	桂林宾馆 GUILIN			
			新城市酒店 NEW CITY			
			桂山大酒店 GUISHAN			
			帝苑酒店 ROYAL GARDEN			
			漓江饭店 LIJIANG			
北	海	BEIHAI		24	16	8

客房数(间) NUMBER OF ROOMS			床位数(张) NUMBER OF BEDS			客房出租率(%) ROOM OCCUPANCY (%)	
1997年 1997	1996年 1996	增减 INCREASE	1997年 1997	1996年 1996	增减 INCREASE	1997年 1997	1996年 1996
263	294	-31	526	588	-62	72.2	72.7
226	223	3	430	430	0	75.9	82.5
554	544	10	1 108	1 108	0	65.3	66.7
205	208	-3	410	406	4	40.1	26.5
702	702	0	989	1 200	-211	65.3	76.9
25 991	25 393	598	50 870	49 189	1 681	57.3	55.7
522	553	-31	815	815	0	74.1	75.8
350	350	0	752	752	0	58.4	61.5
406	406	0	721	721	0	41.5	50.5
276	335	-59	522	700	-178	35.2	20.8
220	220	0	440	440	0	48.4	40.3
308	308	0	648	648	0	68.4	71.5
197	133	64	400	299	101	60.9	69.9
280	300	-20	600	640	-40	25.7	26.7
245	311	-66	502	588	-86	71.5	69.1
5 894	5 850	44	12 220	11 748	472	60.0	54.6
413	422	-9	796	844	-48	63.8	59.2
163	67	96	263	148	115	69.0	59.2
210	210	0	523	523	0	52.2	58.6
476	476	0	1 167	898	269	66.9	60.3
3 329	3 922	-593	6 466	8 015	-1 549	53.4	53.9
348	324	24	585	585	0	61.5	70.0
158	248	-90	350	476	-126	76.5	74.2
2 936	2 562	374	5 587	4 802	785	45.3	48.6
274	274	0	585	538	47	61.5	51.6
158	175	-17	350	305	45	76.5	46.3
3 432	7 183	-3 751	6 826	14 277	-7 451	47.7	47.7
356	356	0	720	720	0	60.5	55.3
369	369	0	670	670	0	46.6	63.6
260	260	0	520	520	0	55.6	52.4
4 293	3 472	821	8 425	6 808	1 617	52.3	49.7
359	359	0	689	689	0	55.0	50.8
318	331	-13	684	718	-34	43.0	37.8
6 200	6 493	-293	12 226	12 972	-746	56.2	51.0
242	242	0	484	484	0	63.7	62.3
283	283	0	566	566	0	72.9	76.8
657	662	-5	1 140	1 248	-108	30.9	36.8
335	335	0	657	657	0	65.1	50.3
378	378	0	756	756	0	62.3	55.9
3 135	2 335	800	6 082	4 558	1 524	39.6	37.3

6-4 续表 5

城市名称 NAME OF CITY	饭店名称 NAME OF HOTEL	饭店数(座) NUMBER OF HOTELS 1997年 1997	1996年 1996	增减 INCREASE
# OF WHICH	富丽华大酒店 FURAMA			
	北海迎宾馆 BEIHAI			
海口 HAIKOU		75	77	-2
# OF WHICH	海口宾馆 HAIKOU			
	南天大酒店 NANTIAN			
	华侨大厦 HUAQIAO			
	泰华酒店 TAIHUA			
三亚 SANYA		48	43	5
# OF WHICH	国际大酒店 INTERNATIONAL			
	金陵度假村 JINLING			
	三亚宾馆 SANYA			
重庆 CHONGQING		48	24	24
# OF WHICH	扬子江假日饭店 HOLIDAY INN YANGZE			
	人民宾馆 RENMIN			
	重庆饭店 CHONGQING			
成都 CHENGDU		66	51	15
# OF WHICH	成都饭店 CHENGDU			
	锦江宾馆 JINJIANG			
	岷山饭店 MINSHAN			
贵阳 GUIYANG		22	20	2
# OF WHICH	花溪宾馆 HUAXI			
	贵州饭店 GUIZHOU			
昆明 KUNMING		31	30	1
# OF WHICH	金龙饭店 GOLDEN DRAGON			
	昆明饭店 KUNMING			
	翠湖宾馆 GREENLAKE			
拉萨 LHASA		12	17	-5
# OF WHICH	拉萨假日酒店 HOLIDAY INN			
西安 XI'AN		39	33	6
# OF WHICH	人民大厦 RENMIN			
	唐城宾馆 TANGCHENG			
	金花饭店 GOLDEN FLOWER			
	西安宾馆 XI'AN			
	建国饭店 JIANGUO			
兰州 LANZHOU		14	14	0
# OF WHICH	华谊宾馆 HUAYI			
	金城宾馆 JINCHENG			
	胜利宾馆 SHENGLI			

客房数(间) NUMBER OF ROOMS			床位数(张) NUMBER OF BEDS			客房出租率(%) ROOM OCCUPANCY (%)	
1997 年 1997	1996 年 1996	增 减 INCREASE	1997 年 1997	1996 年 1996	增 减 INCREASE	1997 年 1997	1996 年 1996
311	311	0	620	620	0	33.9	32.1
152	152	0	293	293	0	45.7	36.3
9 334	10 113	-779	17 723	19 385	-1 662	51.3	52.7
200	200	0	394	394	0	60.8	69.1
182	182	0	359	359	0	75.6	60.3
312	312	0	576	576	0	45.1	49.7
240	240	0	430	430	0	67.9	63.7
5 285	4 292	993	10 240	8 567	1 673	43.1	41.4
203	203	0	406	420	-14	49.0	44.9
138	70	68	265	148	117	64.3	55.8
99	96	3	208	216	-8	34.9	46.5
5 740	3 622	2 118	14 775	6 985	7 790	51.3	50.0
387	379	8	600	739	-139	66.8	61.6
213	213	0	426	426	0	59.2	66.5
200	200	0	369	369	0	46.2	47.6
11 163	8 846	2 317	21 762	17 405	4 357	48.9	51.0
147	249	-102	270	473	-203	51.6	47.6
523	523	0	907	956	-49	60.6	70.7
336	336	0	584	584	0	45.1	50.5
2 570	2 348	222	5 394	4 751	643	61.2	62.8
60	50	10	190	100	90	85.6	41.3
480	322	158	1 256	644	612	70.3	73.0
4 994	5 125	-131	9 986	10 227	-241	61.1	65.9
290	284	6	574	534	40	68.0	69.7
355	383	-28	642	756	-114	76.9	69.7
450	450	0	776	710	66	31.3	43.0
1 896	1 527	369	4 045	3 493	552	35.1	44.3
450	468	-18	919	1 000	-81	30.4	29.8
10 592	8 230	2 362	22 336	15 402	6 934	57.5	54.1
570	585	-15	1 140	1 170	-30	51.9	50.7
372	372	0	744	744	0	58.1	63.8
435	453	-18	733	733	0	61.7	60.4
520	545	-25	1 040	1 090	-50	46.7	44.4
658	658	0	1 197	1 197	0	52.1	47.4
3 262	3 454	-192	6 810	7 392	-582	66.8	64.1
594	302	292	1 333	604	729	62.3	78.4
311	316	-5	620	880	-260	37.6	40.5
309	309	0	637	637	0	88.1	91.1

6－4 **续表 6**

城市名称 NAME OF CITY	饭店名称 NAME OF HOTEL	饭店数(座) NUMBER OF HOTELS 1997 年 1997	 1996 年 1996	 增减 INCREASE
敦煌 DUNHUANG		11	13	－2
＃ OF WHICH	敦煌宾馆 DUNHUANG			
西宁 XINING		9	8	1
＃ OF WHICH	西宁宾馆 XINING			
银川 YINCHUAN		12	9	3
＃ OF WHICH	宁夏宾馆 NINGXIA			
乌鲁木齐 URUMQI		40	25	15
＃ OF WHICH	友谊宾馆 FRIENDSHIP1			
	昆仑宾馆 KUNLUN			

客房数(间) NUMBER OF ROOMS			床位数(张) NUMBER OF BEDS			客房出租率(%) ROOM OCCUPANCY (%)	
1997 年 1997	1996 年 1996	增　减 INCREASE	1997 年 1997	1996 年 1996	增　减 INCREASE	1997 年 1997	1996 年 1996
965	2 059	-1 094	1 978	4 529	-2 551	35.3	40.8
196	194	2	384	421	-37	41.6	28.9
1 267	1 256	11	2 579	2 588	-9	48.1	45.2
315	300	15	706	670	36	41.7	40.9
1 511	1 215	296	3 232	2 585	647	43.3	43.7
224	224	0	446	446	0	35.0	42.7
4 758	4 170	588	10 355	8 755	1 600	49.5	48.6
134	134	0	268	268	0	30.0	27.0
425	426	-1	838	858	-20	31.0	52.0

6-5 1997年主要城市旅游涉外饭店基本经济指标
MAJOR STATISTICS OF HOTELS IN EACH CITY 1997

单 位:万 元
UNIT:0000 RMB¥

城 市 NAME OF CITY	营业收入 TOTAL REVENUE	# 客房收入 ROOM REVENUE	# 餐饮收入 FOOD & BEVERAGE
北 京 BEIJING	1 447 905.72	543 407.76	290 404.86
天 津 TIANJIN	133 336.24	65 361.40	30 631.46
石家庄 SHIJIAZHUANG	52 030.13	13 480.60	19 336.47
秦皇岛 QINHUANGDAO	20 173.53	11 185.89	6 903.47
承 德 CHENGDE	6 270.98	3 897.23	1 821.44
太 原 TAIYUAN	22 256.44	13 429.23	6 501.24
大 同 DATONG	5 084.30	2 540.74	2 199.89
呼和浩特 HOHHOT	11 465.68	5 614.77	4 102.52
沈 阳 SHENYANG	77 669.00	40 835.00	27 095.00
大 连 DALIAN	127 612.76	70 243.81	40 932.23
长 春 CHANGCHUN	49 704.51	23 502.27	19 875.16
吉 林 JILIN	11 499.41	5 669.48	3 989.77
延 边 YANBIAN	12 974.74	6 241.18	4 944.19
哈尔滨 HARBIN	20 066.41	13 705.48	3 912.81
上 海 SHANGHAI	699 143.86	377 422.86	206 722.87
南 京 NANJING	200 413.29	67 698.43	58 986.21
无 锡 WUXI	76 532.12	32 727.20	34 528.91
苏 州 SUZHOU	76 040.52	35 616.39	31 879.65
南 通 NANTONG	31 660.59	20 894.10	8 846.81
连云港 LIANYUNGANG	8 843.92	4 043.22	3 887.94
杭 州 HANGZHOU	241 922.69	77 585.73	58 255.80
宁 波 NINGBO	82 974.77	35 033.93	35 743.57
温 州 WENZHOU	43 826.50	22 931.44	16 358.09
合 肥 HEIFEI	25 148.68	12 215.48	8 607.87
黄 山 HUANGSHAN	24 735.10	14 277.67	8 320.89
福 州 FUZHOU	77 496.53	34 377.87	20 975.77
厦 门 XIAMEN	79 900.20	38 129.13	27 695.51
泉 州 QUANZHOU	26 877.34	10 500.66	11 644.45
漳 州 ZHANGZHOU	9 433.40	4 786.94	3 139.82
南 昌 NANCHANG	30 746.32	16 313.31	10 290.68

6－5 续表

城　　市 NAME OF CITY	营业收入 TOTAL REVENUE	＃ 客房收入 ROOM REVENUE	＃ 餐饮收入 FOOD & BEVERAGE
九　江 JIUJIANG	7 040.73	4 231.71	2 099.77
济　南 JINAN	49 113.27	22 601.96	20 108.74
青　岛 QINGDAO	101 969.55	50 456.99	36 926.35
烟　台 YANTAI	46 955.08	18 437.69	23 196.95
威　海 WEIHAI	45 783.48	16 258.35	21 429.87
郑　州 ZHENGZHOU	42 143.34	21 620.56	15 314.78
洛　阳 LUOYANG	15 787.15	7 455.54	6 691.31
武　汉 WUHAN	110 991.47	57 773.75	35 921.81
长　沙 CHANGSHA	66 064.96	29 907.08	24 536.32
广　州 GUANGZHOU	1 303 462.47	702 193.78	303 203.80
深　圳 SHENZHEN	392 768.75	158 566.63	164 023.16
珠　海 ZHUHAI	107 865.82	48 290.17	42 431.67
汕　头 SHANTOU	47 929.48	22 701.95	16 161.55
湛　江 ZHANJIANG	26 332.44	10 290.89	12 595.63
中　山 ZHONGSHAN	76 832.03	27 467.59	38 745.57
南　宁 NANNING	43 296.44	16 677.52	20 414.96
桂　林 GUILIN	42 233.70	21 785.61	15 190.20
北　海 BEIHAI	16 849.48	7 489.77	7 405.71
海　口 HAIKOU	70 510.58	36 902.83	22 833.76
三　亚 SANYA	33 336.70	20 920.70	9 420.20
重　庆 CHONGQING	74 635.94	36 250.77	20 041.78
成　都 CHENGDU	83 981.24	48 685.01	23 198.01
贵　阳 GUIYANG	22 337.24	11 584.77	6 128.90
昆　明 KUNMING	63 286.96	27 967.88	16 319.92
拉　萨 LHASA	9 372.29	5 144.25	2 703.42
西　安 XI'AN	77 735.70	42 508.79	22 240.31
兰　州 LANZHOU	24 133.32	12 028.54	7 262.60
西　宁 XINING	8 890.91	3 764.77	2 914.75
银　川 YINCHUAN	7 908.07	3 247.63	3 544.24
乌鲁木齐 URUMQI	31 408.43	16 870.33	11 381.54

6-6 1997 年* 全国国有经济饭店
MAJOR STATISTICS IN STATE

地方/项目 LOCALITY/ITEM		全员劳动生产率(万元/人) OLP (0000 RMB¥/PER)	人均实现利润(万元/人) AP (0000 RMB¥/PER)	人均实现利税(万元/人) APT (0000 RMB¥/PER)	人均占用固定资产原值(万元/人) AF (0000 RMB¥/PER)	平均客房出租率(%) AOR (%)
总 计	**TOTAL**	**6.21**	**-0.10**	**0.20**	**14.27**	**52.43**
北 京	BEIJING	7.53	0.05	0.43	20.59	56.60
天 津	TIANJIN	3.97	-0.29	-0.12	9.62	42.83
河 北	HEBEI	6.48	0.16	0.51	11.48	44.22
山 西	SHANXI	3.96	-0.09	0.11	8.82	53.37
内蒙古	INNERMONGOLIA	4.86	-0.08	0.19	6.24	55.78
辽 宁	LIAONING	4.45	-0.54	-0.33	14.15	50.41
吉 林	JILIN	3.98	-0.77	-0.58	15.96	46.42
黑龙江	HEILONGJIANG	1.60	-0.08	-0.01	9.90	43.75
上 海	SHANGHAI	9.92	0.10	0.59	23.55	61.92
江 苏	JIANGSU	7.12	-0.21	0.09	14.17	51.95
浙 江	ZHEJIANG	6.89	0.03	0.34	14.47	54.46
安 徽	ANHUI	4.17	0.03	0.23	9.91	47.98
福 建	FUJIAN	5.79	-0.17	0.11	12.34	52.45
江 西	JIANGXI	5.60	-0.13	0.14	9.06	51.70
山 东	SHANDONG	5.75	-0.43	-0.15	14.50	43.62
河 南	HENAN	5.95	0.12	0.49	8.51	62.49
湖 北	HUBEI	4.24	-0.13	0.06	10.00	52.75
湖 南	HUNAN	6.68	-0.43	-0.10	12.47	51.46
广 东	GUANGDONG	9.08	0.41	0.87	13.69	55.68
广 西	GUANGXI	3.58	-0.55	-0.37	10.71	50.49
海 南	HAINAN	3.32	-1.63	-1.45	13.84	47.99
重 庆	CHONGQING	6.54	0.04	0.40	10.48	50.65
四 川	SICHUAN	3.35	-0.25	0.09	22.70	48.20
贵 州	GUIZHOU	3.93	-0.12	0.09	11.39	60.02
云 南	YUNNAN	5.74	-0.35	-0.07	11.55	53.99
西 藏	TIBET	5.63	0.68	0.95	24.32	34.51
陕 西	SHAANXI	5.92	-1.32	-1.03	14.18	55.18
甘 肃	GANSU	3.53	-0.06	0.12	9.50	59.83
青 海	QINGHAI	3.63	-0.79	-0.63	11.18	50.86
宁 夏	NINGXIA	2.82	-0.16	-0.02	7.23	41.62
新 疆	XINJIANG	4.11	-0.38	-0.16	10.02	46.35

注： *本表是全国 3343 家国有经济饭店汇总资料。

NOTES: * THE TABLE INCLUDE ALL THE 3343 STATE-OWNED HOTELS.

OLP: OVERALL LABOUR PRODUCTIVITY

APT: AVERAGE PROFIT & TAX CONTRIBUTION PER CAPITA

主要经济效益指标

-OWNED HOTELS 1997

百元固定资产创营业收入(元) REVENUE/100F.A (RMB¥)	营业收入总额(万元) TOTAL REVENUE (0000RMB¥)	营业收入构成(%) BREAKDOWN OF TOTAL REVENUE			
		客 房 ROOM	餐 饮 F&B	商 品 SHOP-PING	其 它 OTHER
45.49	**3 691 317.86**	**48.17**	**32.52**	**6.98**	**12.33**
39.92	412 349.77	45.67	22.48	3.27	28.59
98.66	32 572.70	52.90	28.84	6.30	11.96
73.01	122 521.94	38.39	40.75	8.88	11.98
66.12	38 073.22	57.29	34.83	4.19	3.69
50.09	24 581.15	45.75	43.33	4.31	6.62
29.52	101 745.10	52.27	35.16	2.99	9.58
23.00	49 297.88	50.45	36.74	4.34	8.47
19.77	28 728.29	60.81	29.13	2.28	7.77
54.47	318 389.27	52.75	29.06	7.33	10.85
53.30	371 290.16	38.17	36.91	14.60	10.31
40.44	204 901.70	41.92	38.86	11.29	7.93
60.55	70 268.31	49.63	38.58	8.43	3.35
51.69	81 015.49	45.20	31.52	15.51	7.77
46.25	41 523.00	53.10	34.54	3.87	8.49
46.06	204 442.66	40.83	44.95	5.62	8.60
75.37	88 494.12	49.12	41.81	2.34	6.73
39.92	123 251.61	44.99	38.73	8.18	8.10
44.02	62 005.71	48.20	34.97	3.30	13.53
70.29	883 312.98	54.50	27.62	5.32	12.55
32.47	66 295.45	40.85	45.96	5.54	7.64
27.99	21 557.56	53.69	27.71	3.02	15.57
61.75	33 098.86	57.21	29.82	3.23	9.74
9.65	93 321.69	52.69	31.86	5.04	10.40
26.56	26 224.99	41.78	30.58	12.47	15.16
44.23	56 983.05	45.91	27.18	11.01	15.90
22.39	9 560.23	52.92	34.92	2.80	9.36
38.40	43 388.73	53.13	30.55	6.25	10.07
42.84	29 554.67	48.38	32.38	12.15	7.09
26.52	9 919.87	45.34	31.45	14.54	8.67
78.52	8 128.92	44.44	45.00	3.50	7.07
52.09	34 518.78	57.27	32.43	3.31	7.00

AP:AVERAGE PROFIT
AF:AVERAGE FIXED ASSETS
AOR:AVERAGE OCCUPANCY RATE
100F.A:100 RMB¥ FIXED ASSETS
F&B:FOOD AND BEVERAGE

6-7 1997年* 全国星
MAJOR STATISTICS IN

地方/项目 LOCALITY/ITEM	全员劳动生产率(万元/人) OLP (0000 RMB¥/PER)	人均实现利润(万元/人) AP (0000 RMB¥/PER)	人均实现利税(万元/人) APT (0000 RMB¥/PER)	人均占用固定资产原值(万元/人) AF (0000 RMB¥/PER)	平均客房出租率(%) AOR (%)
总计 TOTAL	**8.06**	**0.21**	**0.60**	**17.44**	**56.08**
北京 BEIJING	12.47	1.27	1.87	26.23	60.23
天津 TIANJIN	6.86	-0.46	-0.13	11.35	47.01
河北 HEBEI	6.51	0.25	0.54	12.79	47.40
山西 SHANXI	3.94	-0.02	0.18	10.13	53.73
内蒙古 INNERMONGOLIA	3.90	-0.15	0.02	8.64	57.15
辽宁 LIAONING	6.80	-0.42	-0.08	20.81	55.43
吉林 JILIN	4.07	-0.97	-0.78	14.21	48.61
黑龙江 HEILONGJIANG	1.84	-0.14	-0.07	10.44	44.36
上海 SHANGHAI	12.89	1.25	1.93	23.49	62.73
江苏 JIANGSU	8.21	-0.03	0.32	17.26	54.03
浙江 ZHEJIANG	10.14	0.38	0.77	16.30	58.98
安徽 ANHUI	4.98	0.10	0.34	10.69	53.45
福建 FUJIAN	6.98	0.00	0.40	13.79	57.49
江西 JIANGXI	5.46	-0.20	0.07	10.03	53.34
山东 SHANDONG	7.13	-0.65	-0.30	15.70	50.18
河南 HENAN	4.58	0.06	0.34	6.71	63.70
湖北 HUBEI	5.57	-0.05	0.20	13.12	54.40
湖南 HUNAN	9.58	0.53	1.00	13.39	52.70
广东 GUANGDONG	8.57	0.41	0.82	16.28	59.32
广西 GUANGXI	4.87	-1.43	-1.18	15.70	53.35
海南 HAINAN	6.08	-0.96	-0.63	21.18	51.79
重庆 CHONGQING	9.47	0.40	0.90	7.75	53.15
四川 SICHUAN	4.50	0.03	0.27	29.29	51.30
贵州 GUIZHOU	4.57	-0.07	0.18	10.41	61.77
云南 YUNNAN	6.52	0.33	0.64	12.68	58.67
西藏 TIBET	5.27	0.71	0.98	22.06	39.30
陕西 SHAANXI	7.19	-2.81	-2.47	22.93	55.40
甘肃 GANSU	3.69	-0.15	0.04	12.40	58.67
青海 QINGHAI	3.58	-0.78	-0.62	10.99	50.40
宁夏 NINGXIA	2.74	-0.25	-0.11	8.22	40.39
新疆 XINJIANG	4.78	-0.16	0.09	9.37	45.10

注： * 本表是全国2724家星级饭店汇总资料。

NOTES: * THE TABLE INCLUDE ALL THE 2724 STAR-RATED HOTELS.
OLP: OVERALL LABOUR PRODUCTIVITY
APT: AVERAGE PROFIT & TAX CONTRIBUTION PER CAPITA
AP: AVERAGE PROFIT

级饭店主要经济效益指标

STAR - RATED HOTELS **1997**

百元固定资产创营业收入（元）REVENUE/100F.A（RMB¥）	营业收入总额（万元）TOTAL REVENUE（0000RMB¥）	营业收入构成（%）BREAKDOWN OF TOTAL REVENUE			
		客 房 ROOM	餐 饮 F & B	商 品 SHOP - PING	其 它 OTHER
46.19	**5 623 086.93**	**44.94**	**32.41**	**8.03**	**14.62**
47.55	1 176 495.26	44.14	23.50	9.79	22.57
60.64	92 780.12	57.30	23.86	4.98	13.87
50.94	95 194.79	38.76	39.63	9.72	11.89
38.89	35 719.50	57.08	33.46	4.07	5.38
45.08	19 181.36	45.36	36.62	11.86	6.16
32.66	186 272.77	53.61	33.53	3.62	9.24
28.63	50 788.31	49.26	38.98	4.39	7.37
17.59	30 405.20	57.93	31.76	1.91	8.41
54.87	672 193.08	54.24	29.96	5.30	10.49
47.55	373 051.88	40.76	34.68	14.46	10.10
62.24	295 634.80	32.56	29.20	27.81	10.44
46.59	66 514.07	48.98	36.37	9.10	5.54
50.61	149 579.72	46.27	34.31	8.34	11.08
54.42	41 586.92	54.45	31.91	3.99	9.65
45.41	205 708.55	42.33	42.32	5.87	9.48
68.23	93 673.96	48.39	42.27	2.39	6.95
42.46	143 799.82	49.88	35.54	6.86	7.72
71.54	93 075.43	46.13	38.17	2.03	13.68
52.65	1 205 677.96	38.27	38.73	4.24	18.75
31.01	91 230.11	46.62	41.05	3.25	9.08
28.71	63 548.52	54.89	30.78	1.27	13.06
122.24	60 412.32	46.49	26.34	13.90	13.27
15.36	101 068.45	53.97	30.54	5.26	10.22
43.90	31 164.87	48.30	29.00	8.80	13.90
51.44	78 476.72	45.81	27.71	11.67	14.80
23.90	10 575.48	56.10	32.15	2.65	9.10
31.34	73 814.36	52.21	30.74	5.40	11.65
29.75	33 939.67	48.49	33.47	10.58	7.46
32.59	9 963.97	45.40	31.47	14.48	8.65
33.28	4 535.10	47.69	39.93	4.21	8.17
51.02	37 023.86	57.41	33.11	2.76	6.72

AF: AVERAGE FIXED ASSETS
AOR: AVERAGE OCCUPANCY RATE
100F.A: 100 RMB¥ FIXED ASSETS
F&B: FOOD AND BEVERAGE

6-8 1997年全国各地区星级饭店数
NUMBER OF STAR-RATED HOTELS 1997

单　位:座
UNIT: NUMBER

地　区 LOCALITY	星级饭店合计 TOTAL	五星级 FIVE-STAR	四星级 FOUR-STAR	三星级 THREE-STAR	二星级 TWO-STAR	一星级 ONE-STAR
总　计 TOTAL	**2 724**	**57**	**157**	**895**	**1 339**	**276**
北　京 BEIJING	250	16	26	60	110	38
天　津 TIANJIN	52	1	4	23	21	3
河　北 HEBEI	87	0	1	30	54	2
山　西 SHANXI	44	0	2	9	31	2
内蒙古 INNER MONGOLIA	31	0	0	8	18	5
辽　宁 LIAONING	125	2	7	41	52	23
吉　林 JILIN	72	0	2	18	41	11
黑龙江 HEILONGJIANG	87	0	0	23	39	25
上　海 SHANGHAI	117	7	15	41	42	12
江　苏 JIANGSU	174	1	13	80	76	4
浙　江 ZHEJIANG	100	0	6	62	32	0
安　徽 ANHUI	72	0	1	17	47	7
福　建 FUJIAN	91	0	6	42	39	4
江　西 JIANGXI	49	0	1	18	28	2
山　东 SHANDONG	127	3	9	54	56	5
河　南 HENAN	93	0	0	32	59	2
湖　北 HUBEI	122	0	4	45	56	17
湖　南 HUNAN	82	1	2	18	45	16
广　东 GUANGDONG	408	15	32	145	190	26
广　西 GUANGXI	58	3	2	27	22	4
海　南 HAINAN	47	2	8	20	13	4
重　庆 CHONGQING	25	0	2	11	10	2
四　川 SICHUAN	97	2	2	22	59	12
贵　州 GUIZHOU	37	0	0	3	25	9
云　南 YUNNAN	95	0	5	7	65	18
西　藏 TIBET	13	0	0	4	5	4
陕　西 SHAANXI	45	4	5	15	15	6
甘　肃 GANSU	38	0	1	11	23	3
青　海 QINGHAI	13	0	0	1	10	2
宁　夏 NINGXIA	8	0	0	1	7	0
新　疆 XINJIANG	65	0	1	7	49	8

七、国内旅游基本情况

7. STATISTICS OF DOMESTIC TOURISM

7-1 1997年全国国内旅游基本情况
MAJOR STATISTICS OF DOMESTIC TOURISM 1997

	总人次数（百万人次） DOMESTIC TRAVELERS(Mn)	*出游率（%） RATE (%)	总花费（百万元） DOMESTIC TOURISM EXPENDITURE (Mn. RMB¥)	人均花费（元） EVERAGE EXPENDITURE PER CAPITA(RMB¥)
全国合计 TOTAL	**643.72**	**52.40**	**211 270**	**328.20**
城镇居民 URBAN RESIDENTS	258.72	92.40	155 183	599.81
农村农民 RURAL RESIDENTS	385.00	40.00	56 087	145.68
城镇居民 URBAN RESIDENTS	258.72	92.40	155 183	599.81
一季度 JAN. - MAR.	78.96	28.20	51 419	651.20
二季度 APR. - JUNE	56.28	20.10	26 677	474.00
三季度 JULY - SEP.	66.08	23.60	50 293	761.09
四季度 OCT. - DEC.	57.40	20.50	26 794	466.79

注：* 出游率指城镇居民或农村农民出游的人次数占其人口数的比重。

NOTE: RATE IS THE RATIO THAT THE TOTAL AMOURT OF THE URBAN CITIZENS OR THE RURAL HABITANTS COMPARES TO THE URBAN POPULATION OR THE RURAL POPULATION.

八、旅游企业基本情况

8. STATISTICS OF TOURISM ENTERPRISES

8-1 1996—1997年全国旅行社单位数
NUMBER OF TRAVEL AGENCIES 1996－1997

单 位:家
UNIT:NUMBER

地 区 LOCALITY	旅行社总数 TOTAL TRAVEL AGENCIES		国际旅行社 INTERNATIONAL TRAVEL AGENCIES		国内旅行社 DOMESTIC TRAVEL AGENCIES	
	1997年 1997	1996年 1996	1997年 1997	1996年 1996	1997年 1997	1996年 1996
总 计 TOTAL	**4 986**	**4 252**	**991**	**977**	**3 995**	**3 275**
北 京 BEIJING	329	315	109	129	220	186
天 津 TIANJIN	120	85	17	15	103	70
河 北 HEBEI	108	91	19	20	89	71
山 西 SHANXI	75	53	15	15	60	38
内蒙古 INNERMONGOLIA	47	21	18	11	29	10
辽 宁 LIAONING	216	174	35	36	181	138
吉 林 JILIN	73	68	24	23	49	45
黑龙江 HEILONGJIANG	155	121	36	31	119	90
上 海 SHANGHAI	264	229	39	39	225	190
江 苏 JIANGSU	226	221	56	56	170	165
浙 江 ZHEJIANG	325	252	39	34	286	218
安 徽 ANHUI	150	149	41	34	109	115
福 建 FUJIAN	124	146	35	36	89	110
江 西 JIANGXI	161	150	10	13	151	137
山 东 SHANDONG	238	204	32	32	206	172
河 南 HENAN	110	98	17	22	93	76
湖 北 HUBEI	192	82	18	17	174	65
湖 南 HUNAN	143	132	22	17	121	115
广 东 GUANGDONG	443	431	176	173	267	258
广 西 GUANGXI	226	171	33	33	193	138
海 南 HAINAN	170	125	25	26	145	99
重 庆 CHONGQING	137	-	8	-	129	-
四 川 SICHUAN	160	260	17	23	143	237
贵 州 GUIZHOU	57	55	14	14	43	41
云 南 YUNNAN	413	301	40	21	373	280
西 藏 TIBET	87	40	8	11	79	29
陕 西 SHAANXI	78	96	27	31	51	65
甘 肃 GANSU	26	62	20	23	6	39
青 海 QINGHAI	10	24	8	9	2	15
宁 夏 NINGXIA	35	13	7	6	28	7
新 疆 XINJIANG	88	83	26	27	62	56

8-2 1993—1997 年全国主要

*EMPLOYEES OF INTERNATIONAL

城市 NAME OF CITY		1993 年 1993	1994 年 1994	1995 年 1995	1996 年 1996	1997 年 1997
全国	**TOTAL**	**876 700**	**973 977**	**1 115 798**	**1 196 749**	**1 359 423**
#	OF WHICH					
北京	BEIJING	128 670	148 731	162 647	156 549	168 782
天津	TIANJIN	9 184	16 207	16 579	22 244	23 208
石家庄	SHIJIAZHUANG	1 839	4 540	6 203	5 756	6 686
秦皇岛	QINHUANGDAO	3 893	4 230	6 548	3 797	4 248
承德	CHENGDE	2 564	2 147	2 366	2 041	6 939
太原	TAIYUAN	3 294	3 801	3 524	5 472	7 178
大同	DATONG	1 071	1 784	1 718	1 784	2 503
呼和浩特	HOHHOT	2 010	2 250	3 364	3 796	2 677
沈阳	SHENYANG	4 850	7 020	8 199	15 868	20 330
大连	DALIAN	10 475	10 871	12 835	17 623	21 059
长春	CHANGCHUN	3 815	6 386	7 434	9 852	12 316
吉林	JILIN	1 566	3 784	5 000	8 000	30 000
延边	YANBIAN	2 578	2 872	3 085	3 939	6 000
哈尔滨	HARBIN	8 416	7 736	9 934	9 995	12 764
上海	SHANGHAI	58 180	62 635	67 686	70 403	71 856
南京	NANJING	14 851	16 657	18 918	22 265	28 326
无锡	WUXI	5 715	7 613	11 794	13 001	14 564
苏州	SUZHOU	7 357	9 666	12 143	13 233	14 607
南通	NANTONG	1 577	1 738	2 059	4 095	4 279
连云港	LIANYUNGANG	989	1 431	1 794	2 530	2 397
杭州	HANGZHOU	16 522	16 520	18 850	21 887	26 552
宁波	NINGBO	3 471	7 394	8 996	11 166	12 344
温州	WENZHOU	1 938	2 487	3 933	5 985	6 459
合肥	HEFEI	2 786	4 066	4 264	6 671	6 587
黄山	HUANGSHAN	4 318	5 404	5 006	6 654	8 617
福州	FUZHOU	10 583	10 572	11 322	12 105	13 849
厦门	XIAMEN	10 402	9 574	10 206	12 672	13 210
泉州	QUANZHOU	2 265	1 940	2 918	3 886	5 748
漳州	ZHANGZHOU	2 477	2 241	2 345	3 069	2 758

注：* 国际旅游业从业人数：指接待海外旅游者的旅游涉外饭店、旅行社、旅游车船公司、旅游商贸服务公司、旅游行政管理部门等旅游企事业单位的直接就业人数。

城市*国际旅游业从业人数
TOURISM INDUSTRY 1993－1997

单　位：人

UNIT：PERSON

城　市 NAME OF CITY		1993年 1993	1994年 1994	1995年 1995	1996年 1996	1997年 1997
南　昌	NANCHANG	5 003	5 276	5 158	6 684	6 731
九　江	JIUJIANG	1 983	2 075	1 228	1 344	2 064
济　南	JINAN	3 543	6 152	12 475	9 092	12 925
青　岛	QINGDAO	14 641	14 653	16 367	13 557	37 518
烟　台	YANTAI	2 232	4 464	4 416	5 129	10 521
威　海	WEIHAI	3 776	3 565	5 385	6 002	6 486
郑　州	ZHENGZHOU	2 747	4 606	7 460	4 294	9 024
洛　阳	LUOYANG	1 867	3 794	6 600	3 139	4 648
武　汉	WUHAN	8 519	15 653	18 879	20 688	28 069
长　沙	CHANGSHA	6 185	7 218	12 000	10 582	6 068
广　州	GUANGZHOU	94 404	98 723	107 615	99 680	110 082
深　圳	SHENZHEN	46 839	54 298	56 375	54 501	50 677
珠　海	ZHUHAI	13 917	12 962	11 644	14 478	13 956
汕　头	SHANTOU	8 609	9 276	9 355	8 312	7 450
湛　江	ZHANJIANG	5 663	6 012	6 379	6 317	6 497
中　山	ZHONGSHAN	6 726	7 836	10 020	9 934	7 310
南　宁	NANNING	3 948	3 696	4 136	6 881	9 703
桂　林	GUILIN	11 730	11 430	13 160	13 862	14 972
北　海	BEIHAI	2 354	3 120	3 423	4 169	4 795
海　口	HAIKOU	12 067	13 571	16 558	17 595	18 655
三　亚	SANYA	4 820	6 897	7 064	6 383	6 041
重　庆	CHONGQING	7 430	10 124	9 896	8 971	13 459
成　都	CHENGDU	12 907	16 318	16 164	17 498	20 715
贵　阳	GUIYANG	4 335	5 577	8 945	9 146	9 243
昆　明	KUNMING	10 346	11 819	13 597	12 576	10 185
拉　萨	LHASA	1 882	2 000	2 374	3 050	3 328
西　安	XI'AN	16 838	16 407	12 750	14 226	15 077
兰　州	LANZHOU	4 194	6 789	8 141	7 013	8 479
西　宁	XINING	1 661	1 861	2 244	2 808	2 584
银　川	YINCHUAN	1 160	2 187	2 336	2 516	2 614
乌鲁木齐	URUMQI	6 627	5 974	4 980	3 955	7 056

NOTE: * INCLUDING THE DIRECT EMPLOYMENT IN HOTELS, TRAVEL AGENCIES, TOURISM ENTERPRISES, BOAT & VEHICLE COMPANIES AND TOURISM ADMINISTRATIONS OTHER THAN THOSE INDIRECT EMPLOYMENT IN CAAC, RAILWAY COMMUNICATION, TOURISM SHOPS AND OTHER SECTORS CONCERNED.

8-3 1997年全国国际旅游业

BREAKDOWN EMPLOYEES OF

地区 LOCALITY		合计 TOTAL	旅游涉外饭店 HOTELS	旅行社 TRAVEL AGENCIES
总计	**TOTAL**	**1 359 423**	**1 038 053**	**94 829**
北京	BEIJING	168 782	111 446	6 145
天津	TIANJIN	23 208	18 000	1 224
河北	HEBEI	24 616	19 557	932
山西	SHANXI	18 688	12 297	1 186
内蒙古	INNERMONGOLIA	7 290	6 557	394
辽宁	LIAONING	56 731	46 873	1 821
吉林	JILIN	24 102	17 842	646
黑龙江	HEILONGJIANG	23 697	21 565	1 518
上海	SHANGHAI	71 856	54 680	6 966
江苏	JIANGSU	86 589	69 844	6 049
浙江	ZHEJIANG	68 020	61 014	3 451
安徽	ANHUI	36 939	24 498	2 367
福建	FUJIAN	39 299	31 560	6 424
江西	JIANGXI	21 989	9 611	1 547
山东	SHANDONG	80 600	50 668	2 746
河南	HENAN	24 098	21 064	1 306
湖北	HUBEI	54 315	39 018	3 239
湖南	HUNAN	24 568	13 072	1 066
广东	GUANGDONG	279 003	236 770	21 223
广西	GUANGXI	48 728	35 167	4 132
海南	HAINAN	33 430	25 753	5 014
重庆	CHONGQING	13 459	9 703	3 568
四川	SICHUAN	40 539	35 877	2 019
贵州	GUIZHOU	14 332	7 999	951
云南	YUNNAN	20 463	16 651	2 416
西藏	TIBET	4 021	2 624	557
陕西	SHAANXI	17 279	12 809	2 326
甘肃	GANSU	13 224	9 196	1 611
青海	QINGHAI	3 144	2 782	212
宁夏	NINGXIA	3 549	3 015	98
新疆	XINJIANG	12 865	10 541	1 675

从业人数(按单位分)
INTERNATIONAL TOURISM INDUSTRY 1997

单 位:人
UNIT:PERSON

旅游车船公司 COACH & CRUISE COMPANIES	旅游商贸服务公司 TOURISM TRADING & SERVICE COM.	旅游管理机构 TOURISM ADMINI-STRATIVE INSTITUTIONS	其 它 OTHER
45 478	**8 241**	**19 301**	**153 521**
17 845	300	509	32 537
330	0	175	3 479
262	220	2 073	1 572
298	129	600	4 178
76	0	223	30
500	27	686	6 824
228	49	626	4 711
180	20	354	60
9 522	0	78	610
1 910	211	967	7 608
447	30	1 793	1 285
1 935	52	613	7 474
838	144	333	0
360	832	174	9 465
1 716	110	1 261	24 099
146	0	1 582	0
605	65	835	10 553
120	1 750	970	7 590
1 815	790	834	17 571
3 653	300	809	4 667
692	795	314	862
0	0	188	0
166	395	829	1 253
253	1 266	215	3 648
250	186	730	230
137	201	479	23
535	0	246	1 363
364	255	237	1 561
21	14	115	0
61	24	83	268
213	76	360	0

8-4 1997年全国旅游

MAJOR STATISTICS OF TOURISM

地区 LOCALITY	旅游院校数(所) NUMBER OF TOURISM SCHOOLS AND COLLEGES			
	总计 TOTAL	* 高等院校 INSTITUTES OF HIGHER EDUCATION	中等专业学校 SECONDARY PROFE-SSIONAL SCHOOLS	* * 职业中学 VOCATIONAL SCHOOLS
总计 TOTAL	**936**	**192**	**87**	**657**
北京 BEIJING	60	9	2	49
天津 TIANJIN	16	3	1	12
河北 HEBEI	8	4	1	3
山西 SHANXI	7	1	1	5
内蒙古 INNER MONGOLIA	5	3	0	2
辽宁 LIAONING	30	9	2	19
吉林 JILIN	6	4	0	2
黑龙江 HEILONGJIANG	27	8	2	17
上海 SHANGHAI	32	11	1	20
江苏 JIANGSU	139	17	14	108
浙江 ZHEJIANG	58	7	1	50
安徽 ANHUI	57	7	0	50
福建 FUJIAN	61	8	0	53
江西 JIANGXI	16	4	1	11
山东 SHANDONG	95	8	14	73
河南 HENAN	44	12	5	27
湖北 HUBEI	38	11	12	15
湖南 HUNAN	18	5	2	11
广东 GUANGDONG	21	6	3	12
广西 GUANGXI	48	3	0	45
海南 HAINAN	19	5	1	13
重庆 CHONGQING	38	10	0	28
四川 SICHUAN	29	10	9	10
贵州 GUIZHOU	8	3	4	1
云南 YUNNAN	11	7	1	3
西藏 TIBET	1	1	0	0
陕西 SHAANXI	10	5	1	4
甘肃 GANSU	16	3	7	6
青海 QINGHAI	2	0	0	2
宁夏 NINGXIA	7	2	1	4
新疆 XINJIANG	9	6	1	2

注：* 高等院校指旅游高等院校及开设旅游系(专业)的普通高等院校。
* * 职业中学指旅游职业中学及普通中学中的旅游专业班,包括技校。

院校基本情况
SCHOOLS & COLLEGES 1997

旅游院校学生数(人)

NUMBER OF STUDENTS AT TOURISM SCHOOLS AND COLLEGES

总 计 TOTAL	* 高等院校 INSTITUTES OF HIGHER EDUCATION	中等专业学校 SECONDARY PROFESSIONAL SCHOOLS	* * 职业中学 VOCATIONAL SCHOOLS
221 504	**28 566**	**26 912**	**166 026**
28 350	2 620	1 620	24 110
6 257	445	189	5 623
1 725	650	215	860
1 930	140	240	1 550
818	158	0	660
15 529	1 267	408	13 854
988	424	0	564
5 718	1 013	291	4 414
22 760	2 445	490	19 825
24 037	2 741	3 096	18 200
5 297	700	1 025	3 572
11 477	1 079	0	10 398
10 085	993	0	9 092
2 529	590	454	1 485
21 893	1 450	3 290	17 153
7 459	725	1 229	5 505
6 892	2 317	3 025	1 550
4 986	336	1 510	3 140
8 181	805	3 526	3 850
5 699	972	0	4 727
3 167	570	100	2 497
4 030	1 360	0	2 670
6 721	1 217	1 076	4 428
2 187	395	1 552	240
2 989	1 064	1 025	900
30	30	0	0
5 014	1 510	829	2 675
3 266	170	1 582	1 514
570	0	0	570
520	180	80	260
400	200	60	140

NOTES: * TOURISM INSTITUTES: TOURISM COLLEGES AND ORDINARY INSTITUTES OF HIGHER EDUCATION WITH TOURISM DEPARTMENTS.

* * VOCATIONAL SCHOOLS: VOCATIONAL TOURISM HIGH SCHOOLS, TOURISM CLASSES AT ORDINARY VOCATIONAL HIGH SCHOOL AND TECHENIC SCHOOL.

附　录

主要旅游统计指标解释

1.来华旅游入境人数：指报告期内来我国观光、度假、探亲访友、就医疗养、购物，参加会议或从事经济、文化、体育、宗教活动的外国人、华侨、港澳台同胞等海外游客。统计时海外游客每入境一次统计 1 人次。

(1)游客是指任何一个因为休闲、娱乐、观光、度假、探亲访友、就医疗养、购物、参加会议或从事经济、文化、体育、宗教活动，离开常住国(或常住地)到其他国家(或地方)，连续停留时间不超过 12 个月，并且在其他国家(或其他地方)的主要目的不是通过所从事的活动获取报酬的人。游客不包括因工作或学习在两地有规律往返的人。游客按出游地分国际游客(即海外游客)和国内游客。按出游时间分旅游者(过夜游客)和一日游游客(不过夜游客)。

常住国：指一个人在近一年的大部分时间内所居住的国家(或地区)；或虽然在这个国家(或地区)只居住了较短的时间，但在 12 个月内仍将返回的这个国家(或地区)。

常住地：指一个常住国的居民，在近一年的大部分时间内所居住的城镇(乡村)；或虽然在这个城镇(乡村)只居住了较短的时期，但在 12 个月内仍将返回的这个城镇(乡村)。

判定一个游客是国际游客还是国内游客，不是根据这个游客的国籍而是根据他的常住国或常住地而定。

(2)来华旅游入境人数不包括下列人员：

①应邀来华访问的政府部长以上官员及其随行人员；

②外国驻华使领馆官员、外交人员以及随行的家庭服务人员和受赡养者；

③常住我国一年以上的外国专家、留学生、记者、商务机构人员等；

④乘坐国际航班过境不需要通过护照检查进入我国口岸的中转旅客；

⑤边境地区往来的边民；

⑥回大陆定居的华侨、港澳台同胞；

⑦已在我国定居的外国人和原已出境又返回在我国定居的外国侨民；

⑧已归国的我国出国人员。

2.海外旅游者：指来华旅游入境的海外游客中，在我国旅游住宿设施内至少停留一夜的外国人、华侨、港澳台同胞。

3.海外一日游游客：指来华旅游入境的海外游客中，未在我国旅游住宿设施内过夜的外国人、华侨、港澳台同胞。海外一日游游客包括乘坐游船、游艇、火车、汽车来华旅游，在车(船)上过夜的游客和机、车、船上的乘务人员，但不包括在境外(内)居住而在境内(外)工作，当天往返的港澳同胞和周边国家的边民。

4.国籍:是指给游客颁发护照(或其他身份文件)的政府所代表的国家。

5.外国人:指属外国国籍的人，加入外国国籍的中国血统华人也计入外国人。

6.华侨:指持有中国护照、但侨居外国的中国同胞。

7.港澳台同胞:指居住在我国香港、澳门地区和台湾省的中国同胞。

8.职业:指海外旅游者和海外一日游游客来华旅游入境前从事的职业。

9.团体海外游客(简称"团队"):指参加旅游团(通常采用综合包价、小包价、国际会议、海洋游船、应邀来访及临时组织的旅游团等形式)来中国大陆旅游的海外旅游者及海外一日游游客。

10.零散海外游客(简称"散客"):指未参加旅游团或仅由旅行社办理委托手续(包括接送、预订饭店、订机、车、船票、导游等服务项目)、并按零星价格承办而不参加旅行团的来中国大陆旅游的海外旅游者及海外一日游游客。

11.旅行社外联人数:指报告期内旅行社自组外联的海外游客人数，反映旅行社对外招徕的能力。旅行社按以下要求统计外联人数:①国际游客入境后不论其停留时间多少，旅游线路长短，只统计一次;②旅行社只统计本社自主外联团的实到人数，非本社外联、仅由本社接受委托办理签证的人数不包括在内。

12.旅行社承办入境第一站散客人数:指报告期内零散来华的海外游客在入境后的第一站委托旅行社办理有关手续的游客人数。

13.旅行社接待海外游客人数:指报告期内旅行社实际接待的团队及零散海外旅游者和海外一日游游客人数，以反映旅行社的接待工作量。旅行社接待团队海外游客的人数，既包括本社外联并接待的团队游客，也包括接受其它旅行社委托接待的团队游客;旅行社接待的散客人数，既包括本社承办的第一站散客，也包括本社接待的非第一站散客。

14.旅行社外联(接待)海外旅游者人天数:指报告期内旅行社外联(接待)的每个海外旅游者在中国大陆(或本省市)实际停留的天数之和。仅委托办理有关手续的零散海外游客不计算人天。

15.人均停留天数:指旅游者平均停留天数。计算公式为:

$$\text{人均停留天数}=\frac{\sum \text{旅游者人数}\times\text{停留天数}}{\sum \text{旅游者人数}}$$

16.边境口岸接待海外一日游游客人数:指报告期内我国边境城市的旅行社接待不过夜的团队及零散海外游客人数。

17.国内旅游者:指我国大陆居民离开常住地在境内其他地方的旅游住宿设施内至少停留一夜、最长不超过6个月的国内游客。国内游客应包括在我国境内常住一年以上的外国人、华侨、港澳台同胞，但不包括到各地巡视工作的部以上领导、驻外地办事机构的临时工作人员、调遣的武装人员、到外地学习的学生、到基层锻炼的干部、到境内其他地区定居的人员和无固定居住地的无业游民。

18.国内一日游游客：指我国大陆居民离开常住地 10 公里以上，出游时间超过 6 小时、不足 24 小时，并未在境内其他地方的旅游住宿设施内过夜的国内游客。

19.出境旅游者：指我国大陆居民办理出境手续、并在境外其他国家或地区的旅游住宿设施内至少停留一夜的游客。

20.出境一日游游客：指我国大陆居民办理出境手续、在境外停留时间不超过 24 小时，并未在境外其他国家或地区的旅游住宿设施内过夜的游客。

21.国内公民出境旅游人数：指报告期内有权组织国内公民出境旅游业务的旅行社，组织国内公民出境旅游的旅游者和一日游游客人数。

22.国内旅游组团人数(人天数)：指报告期内旅行社招徕组织的团队国内游客人数(人天数)。组团人数包括国内旅游者人数和国内一日游游客人数。

23.国内旅游接待人数(人天数)：指报告期内旅行社接待的国内团队游客人数(人天数)。接待人数(人天数)包括本社组团、本社接待和外社组团、本社接待的国内游客人数(人天数)。

24.国际旅游(外汇)收入：来华旅游的海外游客(包括来华旅游的外国人、华侨、港澳台同胞)在中国大陆(省、区、市)旅游过程中(由游客或游客的代表为游客)支付的一切旅游支出。旅游支出应包括海外旅游者和一日游游客在中国大陆游程中行、游、住、吃、购、娱以及为亲友、家人购买纪念品、礼品等方面的旅游支出，但不包括为商业目的购物或购买房、地、车、船等资本性或交易性的投资、馈赠亲友的现金及给公共机构的捐赠。

25.旅游住宿设施：指各种定期(或临时)为旅游者提供住宿条件的设施。旅游住宿设施包括：旅游饭店、宾馆、公寓、旅店、招待所、江河及海洋游船、疗养院、度假村、假日营地、私人寓所、家庭住宅的出租客房及亲友提供的免费住宿设施等。

26.旅游涉外饭店：指经我国公安、工商、旅游等有关部门批准的可以接待海外旅游者的住宿设施。既包括已评定星级的旅游涉外饭店，也包括尚未评定星级标准的其它旅游住宿设施。

27.星级饭店：指根据《中华人民共和国旅游涉外饭店星级标准》评定出星级(共分一星至五星五个等级)的旅游涉外饭店。

28.旅游涉外饭店接待人数(人天数)：指报告期内旅游者在旅游涉外饭店住宿的人数(人天数)。人数：每接待一位旅游者只统计一次，不论其住宿夜数多少；人天数：一个旅游者住宿几夜，相应计算几个人天数。

29.城市接待旅游者人数(人天数)：指报告期内本城市旅游住宿设施实际接

待的海外旅游者人数(人天数)和国内旅游者人数(人天数)。

30.客房出租率:指报告期内客房实际出租间天数除以报告期内客房可出租间天数的百分数。反映旅游住宿设施的使用情况。不论是国际旅游者还是国内旅游者,只要使用了旅游住宿设施,都应计算。计算公式:

$$客房出租率=\frac{报告期内每天租出的客房数之和}{报告期内实有客房数\times报告期日历天数}\times 100\%$$

31.固定资产原价:指企业在建造、购置、安装、改建、扩建、技术改造某项固定资产时所支出的全部货币总额。

32.固定资产净值:指企业固定资产原价扣除累计折旧后的余额。

33.营业收入:指企业在经营活动中由于提供劳务或销售商品等取得的收入。饭店(宾馆)、写字楼、公寓、旅店的营业收入(总额),包括客房收入、餐饮收入、商品部收入、车队收入、其他收入等;旅行社的营业收入(总额),包括综合服务收入、组团外联收入、零星服务收入、劳务收入、票务收入、旅游及加项收入、其他收入等;酒楼、餐馆等饮食企业的营业收入包括餐费收入、冷热饮收入、服务收入、其他收入等;理发、浴池、照相、洗染、修理等服务企业的收入包括各种服务收入等。从事咨询服务的咨询公司的服务收入,也计入本科目。

旅行社(不论是组团社还是接团社)组织境外旅游者到国内旅游,应以旅行团队离境(或离开本地)时确认营业收入实现;旅行社组织国内旅游者到境外旅游,应以旅行团旅行结束返回时确认营业收入实现;旅行社组织国内旅游,也应以旅行团旅行结束返回时确认营业收入实现。

旅行社、旅游涉外饭店营业收入不包括本单位直属其他独立核算企业的营业收入。

旅行社营业收入净额:指旅行社营业收入总额扣除旅行社外联及接团业务中收取的代收代付费用后的余额。

34.营业税金及附加(即业务税金及附加):指企业与营业收入有关的应由各项经营业务负担的税金及附加,包括营业税、城市维护建设税及教育费附加等。饭店(宾馆)、写字楼、公寓、旅店、酒楼、餐馆、理发、浴池、照相、洗染、修理等企业应按营业收入的一定比例计算交纳营业税;旅行社应按营业收入净额(营业收入总额扣除代收代付的房费、餐费、交通费等费用)计算交纳营业税。

35.利润总额:指企业在一定时期内实现的盈亏总额,反映企业最终的财务成果。计算公式为:

$$利润总额=\begin{matrix}营业\\利润\end{matrix}+\begin{matrix}补贴\\收入\end{matrix}+\begin{matrix}投资\\收益\end{matrix}+\begin{matrix}营业外\\收\ \ 入\end{matrix}-\begin{matrix}营业外\\支\ \ 出\end{matrix}$$

该指标如小于零,表示亏损。

36.全员劳动生产率:指旅游企业平均每一职工(包括其他人员),在单位时间内(日、月、季、年)平均实现的营业收入。计算公式：

$$全员劳动生产率 = \frac{报告期内旅游企业总营业收入}{报告期内旅游企业平均职工人数}$$

37.人均实现利税：指旅游企业平均每一职工实现的利润和上缴国家的营业税金及附加。计算公式：

$$人均实现利税 = \frac{报告期内旅游企业利润 + 营业税及附加}{报告期内旅游企业平均职工人数}$$

38.利润率：指报告期内旅游企业实现的利润总额占营业收入总额的比重。计算公式：

$$利润率 = \frac{报告期内旅游企业利润总额}{报告期内旅游企业营业收入总额} \times 100\%$$

39.平均职工人数：指报告期内由企业支付工资的各类职工(包括正式职工、合同制职工、临时工、计划外用工等)的平均人数。其计算公式为：

$$月平均职工人数 = \frac{月初职工人数 + 月末职工人数}{2}$$

$$年平均职工人数 = \frac{\sum_{1}^{12} 月平均职工人数}{12}$$

40.企业经济类型：以企业在国家工商行政管理部门注册登记时的企业经济类型为依据。企业经济类型分为国有经济、集体经济、私营经济、个体经济、联营经济、股份制经济、外商投资经济、港澳台投资经济和其他经济。

国有经济：是指生产资料归国家所有的一种经济类型。

集体经济：是指生产资料归公民集体所有的一种经济类型。集体所有制企业可再划分为城镇集体所有制企业和乡村集体所有制企业。

私营经济：是指生产资料归公民私人私有、以雇佣劳动为基础的一种经济类型。包括所有按照《中华人民共和国私营企业暂行条例》规定登记注册的私营独资企业、私营合伙企业和私营有限责任公司。

联营经济:是指不同所有制的企业之间或者企业、事业单位之间共同投资组成新的经济实体的一种经济类型。

股份制经济:是指全部注册资本由全体股东共同出资,并以股份形式投资举办企业而形成的一种经济类型。股份制经济主要有股份有限公司和有限责任公司两种组织形式。

外商投资经济:是指外国投资者根据中华人民共和国有关涉外经济的法律、法规,以合资、合作或独资的形式在中国大陆境内开办企业而形成的一种经济类型。外商投资包括中外合资经济企业、中外合作经营企业和外资企业三种形式。

港澳台投资经济:是指港、澳、台地区投资者参照中华人民共和国有关涉外经济的法律、法规,以合资、合作或独资的形式在大陆举办企业而形成的一种经济类型。港澳台投资经济可以分为合资经营企业、合作经营企业和独资企业三种形式。

其他经济:是指除以上八种经济类型以外的其他经济类型。

41.国际旅行社:经营对外招徕并接待外国人、华侨、港澳台同胞来中国、归国或回内地旅游业务的旅行社。

42.国内旅行社:经营中国公民国内旅游业务的旅行社。

43.旅游车船公司:指旅游部门归口管理的从事运送外国人、华侨、港澳台同胞的旅游车船公司。

44.旅游商贸服务公司:指旅游部门所属的为旅游饭店等企业提供物资服务和为外国人、华侨、港澳台同胞提供旅游商品销售服务的公司。

45.旅游管理机构:指各级政府中设定的管理旅游业的机构,一般指各级旅游局。

46.旅游院校:指旅游学院、旅游专科学校、旅游中专、旅游职业高中等。

APPENDIX

TECHNICAL NOTES

1. International Visitor Arrivals to China

Referred to foreigners, overseas Chinese and compatriots from Hong Kong, Macau and Taiwan who come to mainland China during the reported period for sight-seeing, holiday-making, visiting friends and relatives, undertaking medical treatment, shopping, attending meetings, or taking part in other economic, cultural, sports or religious activities. Each entry into the country is recorded as one arrival.

(1) **A Visitor** refers to any person who travels to a country (or a region) other than that in which s/he has his/her usual residence but outside his/her usual environment for a period not exceeding 12 months for sight-seeing, holiday-making, visiting friends and relatives, undertaking medical treatment, shopping, attending meetings, or taking part in other economic, cultural, sports or religious activities, but the main purpose of his/her visit is other than the exercise of an activity remunerated from the within the country (or the region) visited. People commuting between two places for career or education reasons are not recorded as visitors. Visitors can be classified as international visitors and domestic visitors according to the origin of visitors, and as tourists (overnight visitors) and same-day visitors according to the length of stay of visitors.

Country of Residence: referred to the country (or region) in which a person resides over the past year; or although s/he resides in this country (or region) for a short period but will return to this country (or region) within less than 12 months.

Place of Residence: referred to the city (or village) in which a person, residing in a country, lives over the past year; or although s/he lives in this city (or village) for a short period but will return to this city (or village) within less than 12 months.

The condition to judge whether a person is an international visitor or a domestic visitor is not his citizenship but his country of residence or place of residence.

(2) The following persons are not recorded as international visitors:

①Invited government officials more senior than ministers and their accompanies;

②Officials and diplomats of foreign diplomatic missions to China and their accompanies and dependents;

③Foreign experts, students, journalists, trade representatives who stay in China for more than one year;

④ Transit passenger on incoming international flights without going through Frontier Check;

⑤Border residents;

⑥Overseas Chinese, compatriots from Hong Kong, Macau and Taiwan who come to the mainland with permanent residence;

⑦Foreigners who have permanent residence in China and foreigners who leave China and come back to China as permanent residents;

⑧Chinese who come back from their mission abroad.

2. International Tourists

Referred to, out of the international visitors to China, the foreigners, overseas Chinese, compatriots from Hong Kong, Macau and Taiwan who stay at least one night in the accommodation establishments in China.

3. International Same – Day Visitors

Referred to, out of the International visitors to China, the foreigners, overseas Chinese, compatriots from Hong Kong, Macau and Taiwan who do not stay overnight in the accommodation establishments in China. International visitors who arrive in China aboard cruise, ship, train, and automobile and who spend the night aboard automobile (cruise etc.) and the crews who work on the cruise, ship, train and automobile should be included in the statistics, while commuting border workers who live in Hong Kong and Macau and neighbouring countries are not included in the statistics.

4. Citizenship

Referred to the country represented by the government who issues passports (or other identification documents) to visitors.

5. Foreigners

Referred to the persons with foreign citizenship. Chinese descents who have already acquired foreign citizenship are also recorded as foreigners.

6. Overseas Chinese

Referred to Chinese nationals who hold Chinese passports but reside abroad.

7. Compatriots from Hong Kong, Macau and Taiwan

Referred to the Chinese compatriots who live in Hong Kong, Macau and Taiwan Province of China.

8. Occupation

Referred to the occupation a visitor holds before s/he visits China

9. Group International Visitors ("Group" for short)

Referred to international tourists and same - day visitors who join groups to visit the mainland China (usually in inclusive packages, small packages, international conferences, international cruise, invited groups, and temporary tour groups).

10. Free and Independent International Visitors ("FIT" for short)

Referred to international tourists and same - day visitors who do not join groups, or just entrust travel agencies to handle some procedures (including receiving and seeing - off, hotel booking, ticket reservation, tour guide etc.) to visit the mainland China at FIT prices.

11. Number of International Visitors Liaised by Travel Agencies

Referred to the number of overseas visitors liaised by travel agencies during the reported period, which reflects the marketing capability of travel agencies. This figure is recorded according to the following requirements: a) however long an international visitor may stay in China after s/he enters the frontier, s/he is only recorded once; b) a travel agency should only record the international visitors liaised by itself, while those entrusted to the travel agency to help visa procedures are not recorded.

12. Number of FITs Received by Travel Agencies at the First Stop

Referred to the number of international FITs during the reported period who entrust travel agencies to help with relevant procedures at the first stop after they enter the frontier.

13. Number of International Visitors Received by Travel Agencies

Referred to the number of "group", "FIT" and same - day visitors received by travel agencies during the reported period, which reflects the volume of reception business. This figure includes both group international visitors liaised by the reporting travel agency and entrusted by other agencies, and "FIT" international visitors received at the first stop and not the first stop.

14. Night of International Tourists Liaised (Received) by Travel Agencies

Referred to the total number of night of stay of international visitors received by travel agencies during the reported period by putting together the actual length of stay of every international visitor in mainland China (or a given province or city). International "FIT" visitors who only entrust travel agencies to help relevant procedures are not counted in nights.

15. Average Length of Stay

Referred to the average length of stay of tourists. The formula goes:

$$\textit{Average length of stay} = \frac{\sum \textit{number of tourists} \times \textit{length of stay}}{\sum \textit{number of tourists}}$$

16. Number of International Same – Day Visitors Received at Border Port Cities

Referred to the number of international same – day group and "FIT" visitor received by travel agencies at the border port cities during the reported period.

17. Domestic Tourists

Referred to any person residing in mainland China, who travels to a place within the country, outside his/her usual environment for a period not exceeding 6 months but stays at least one night in an accommodation establishment. This should include foreigners, overseas Chinese, compatriots from Hong Kong, Macau, and Taiwan who reside in mainland China for more than one year, but should not include government officials more senior than ministers who travel to other places for inspection, temporary staff in offices stationed in cities other than their own, armed forces in movement, students studying in places other than their homeplace, officials transferred to grassroots places for intern, citizens who change their permanent residence to other places, and vagrants with no residence.

18. Domestic Same – Day Visitors

Referred to any person residing in mainland China, who travels to a place more than 10 kilometres away from his/her usual environment for less than 24 hours but more than 6 hours and does not stay overnight in any accommodation establishment.

19. Outbound Tourists

Referred to any resident of mainland China, who goes through exit formalities and stays at least one night in any accommodation establishment of other countries or regions.

20. Outbound Same - Day Visitors

Referred to any resident of mainland China, who goes through exit formalities, stays outside the border for less than 24 hours and does not stay overnight in any accommodation establishment of other countries or regions.

21. Number of Outbound Group

Referred to the number of outbound tourists and outbound same - day visitors organized by authorized travel agencies during the reported period.

22. Number of Domestic Group Tourists (Nights)

Referred to the number of domestic group tourists (nights) liaised and organized by travel agencies during the reported period. This should include both domestic tourists and domestic same - day visitors.

23. Number of Received Domestic Tourists (Nights)

Referred to the number of domestic group tourists (nights) received by travel agencies during the reported period. This should include both domestic tourists organized and received by a given travel agency and domestic tourists organized by other travel agencies and received by this given agency.

24. International Tourism Receipts (Foreign Exchange)

Referred to all tourism expenditure incurred during the visit in mainland China by international visitors (including foreigners, overseas Chinese, and compatriots from Hong Kong, Macau and Taiwan). Tourism expenditure should include: all expenses made by overseas tourists and overseas same - day visitors on transport, tours, accommodation, foods and drinks, shopping, and recreation, expenses on souvenirs and gifts for friends and relatives; tourism expenditure should not include: purchase made for commercial purposes, capital investment or transactional investment e. g. housing, land, automobile, cruise ship, etc., cash bestowed on friends and relatives, donations to public institutions.

25. Tourism Accommodation Establishment

Referred to all kinds of establishments that can accommodate (regularly or temporarily) tourists. This includes: hotels, apartments, inns, cruises, holiday resorts, campsites, private dwellings, rented rooms in family homes, and accommodation provided without charge by relatives or friends.

26. Tourist Hotels

Referred to accommodation establishments which are approved by the public security, industrial and commercial, and tourism departments to cater for overseas tourists. This includes both star - rated hotels and non - star - rated other accommodation establishments.

27. Star – Rated Hotels

Referred to the tourist hotels which are star – rated according to the Standards for Tourist Hotels Star – Rating of the People's Republic of China (including 5 levels ranging from one – star to five – star).

28. Number of Tourists (Nights) Received by Tourist Hotels

Referred to the number of tourists (nights) who stay overnight in tourist hotels during the reported period. For number of tourists, a tourist is only recorded as one however long s/he may stay in the hotel; for night, the number is counted according to the number of nights a tourist stays in the hotel.

29. Number of Tourists (Nights) Received by a Given Cities

Referred to the actual number of international tourists and domestic tourists (nights) received by tourist hotels of a given city during the reported period.

30. Hotel Occupancy

Referred to the percentage of occupied hotel room nights in the total room nights available during the reported period, which reflects the proportion of rented accommodation establishments.. Both international tourists and domestic tourists who stay in the hotel should be calculated. The formula goes:

$$Occupancy = \frac{\sum \text{daily occupied hotel rooms during the reported period}}{\text{hotel rooms available} \times \text{calendar days of the reported period}} \times 100\%$$

31. Original Value of Fixed Assets

Referred to the total cash value of the fixed assets of an enterprise when they are set up, purchased, installed, restructured, expanded, or renovated.

32. Net Value of Fixed Assets

Referred to the value of the fixed assets after the accumulated depreciation is deducted from the original value.

33. Business Income

Referred to income acquired by enterprises through providing services or selling commodities. Business income of hotels, office buildings, apartment houses, and inns includes income from rooms, foods and drinks, shops, cars, and other income; business income of travel agencies includes income from inclusive service, organizing and liaising groups, odd service, labour, ticketing service, tour and additional items, and other income; business income of restaurants and other catering services includes income from foods, cold and hot drinks, service, and other income; business income of service shops like barber's, bathhouses, photo studios, laundry, and reparation, includes income from providing all sorts of services. Income of consultants by providing consulting service should also be listed under this entry.

Business income of travel agencies (both organizing agencies and receiving agencies) organizing overseas tourists to China should be calculated on the confirmed business income when the groups leave China (or the reported place); business income of travel agencies organizing domestic tourists to visit abroad should be calculated on the confirmed business income when the group come back and the tour ends; business income of travel agencies organizing domestic tourists to visit within the country should be calculated on the confirmed business income when the group come back and the tour ends.

Business income of travel agencies and tourist hotels should not include the business income of any financially independent subsidiaries.

Net business income of travel agencies: referred to the amount of income after deducting from the total business income the expenses which the travel agencies collect from the tourists and pay on behalf of the tourists during the organizing and receiving tour groups.

34. Business Tax and Additional Revenue

Referred to taxes and additional revenue related to enterprises' business income, including business tax, urban maintenance and construction tax, and additional expenses on education, etc.. Business tax should be calculated at a certain percentage of the business income of the enterprises like hotels, office buildings, apartment houses, inns, restaurants, barber's, bathhouses, photo studios, and reparation; business tax of travel agencies should be calculated on the basis of net business income of travel agencies (the amount of income after deducting from the total business income the expenses on room, meals, transport, etc. which the travel agencies collect from the tourists and pay on behalf of the tourists).

35. Total Profit

Referred to the total profit or deficit of an enterprise during the reported period. The formula goes:

$$\textit{Total profit} = \begin{matrix}\textit{business}\\ \textit{profit}\end{matrix} + \begin{matrix}\textit{subsidy}\\ \textit{income}\end{matrix} + \begin{matrix}\textit{investment}\\ \textit{dividend}\end{matrix} + \begin{matrix}\textit{ultrabusiness}\\ \textit{income}\end{matrix} - \begin{matrix}\textit{ultrabusiness}\\ \textit{expenditure}\end{matrix}$$

A negative result denotes deficit.

36. Labour Productivity

Referred to the average per capita business income of tourism enterprises during a given period (day, month, quarter, year). The formula goes:

$$\text{Labour productivity} = \frac{\text{Total business income of tourism enterprise during the reported period}}{\text{Average number of staff of tourism enterprise during the reported period}} \times 100\%$$

37. Average Profit and Tax Per Capita

Referred to the average amount the profit and tax (business tax and additional Revenue) per capita of a tourism enterprise. The formula goes:

$$\text{Average profit and tax per capita} = \frac{\sum \text{Profit + tax (reported period)}}{\text{Average number of staff of tourism}}$$

38. Profit Margin

Referred to the percentage of total profit in the total business income of a tourism enterprise during the reported period. The formula goes:

$$\text{Profit margin} = \frac{\sum \text{Profit of tourism enterprise during reported period}}{\sum \text{Business income of tourism enterprise during reported period}} \times 100\%$$

39. Average Number of Staff

Referred to the average number of paid staff of an enterprise. The formula goes:

$$\text{Monthly Average number of staff} = \frac{\underset{\text{(beginning of month)}}{\text{Number of staff}} + \underset{\text{(end of month)}}{\text{Number of staff}}}{2}$$

$$\text{Yearly Average number of staff} = \frac{\sum_{1}^{12} \text{Monthly Average number of staff}}{12}$$

40. Economic Types of Enterprises

Referred to the economic type that an enterprise registers at the Industrial and Commercial Administrative Authorities, including state – owned, collective, private, individual, alliance, stock, foreign – invested, Hong Kong, Macau and Taiwan invested, and other types.

State – Owned: the economic type with state – owned assets.

Collective: the economic type with collective owned means of production, with subdivisions of urban collective company and rural collective company.

Private: the economic type with private ownership and on the basis of employment of others, including all the private companies, private jointly operated companies and private limited liability companies registered in accordance with The Interim Act on Private Companies in the People's Republic of China.

Alliance: the economic type of an economic entity which is set up at the investment from the enterprises with different ownership , or at the investment from enterprise and non – business institutions.

Stock: the economic type of an enterprise whose total capital is invested by all the share – holders who invest in the form of stocks, in two modes, i. e. stock companies, and limited liability companies.

Foreign Invested: the economic type of an enterprise which is set up by foreign investors who invest in mainland China in compliance with the laws and regulation of the People's Republic of China concerning foreign economic relations, in the forms of joint venture companies, joint operation companies or companies of exclusive foreign investment, including three modes, i. e. Sino – foreign joint ventures, Sino – foreign jointly operated enterprises, and enterprises with exclusive foreign capital.

Hong Kong, Macau, and Taiwan Invested: the economic type of an enterprise which is set up by the investors of Hong Kong, Macau and Taiwan who invest in mainland China in reference to the laws and regulation of the People's Republic of China concerning foreign economic relations, in the forms of joint venture companies, joint operation companies or companies of exclusive investment, including three modes, i. e. joint ventures, jointly operated enterprises, and enterprises with exclusive capital (of Hong Kong, Macau, Taiwan).

Other Types: the economic types of enterprises other than the above mentioned eight types.

41. International Travel Agencies

Referred to the travel agencies that liaise with foreign tour operators directly and receive foreigners, overseas Chinese, compatriots from Hong Kong, Macau and Taiwan who come to mainland China.

42. Domestic Travel Agencies

Referred to the travel agencies that handle domestic tourism.

43. Travel Coach and Cruise Companies

Referred to the companies managed by the tourism departments and used for carrying foreigners, overseas Chinese, and compatriots from Hong Kong, Macau and Taiwan Province.

44. Tourism Trading and Service Companies

Referred to the shops and service companies affiliated to tourism departments which provide materials to hotels and other enterprises and sell commodities to foreigners, overseas Chinese, and compatriots from Hong Kong, Macau and Taiwan Province.

45. Tourism Administrative Institutions

Referred to the tourism administrative offices in the governments of different levels, usually the tourism bureaux of different levels.

46. Tourism Colleges and Schools

Referred to tourism colleges, technical schools, professional schools, and vocational schools.